KB269949

일본어능력시험

JLPT 합격비법노트

허성미, 황수영, 최은정 공저 정병호 감수

N3

다락원

JLPT 합격비법노트 N3

지은이 허성미, 황수영, 최은정
펴낸이 정규도
펴낸곳 (주)다락원

초판 1쇄 발행 2016년 1월 27일
초판 2쇄 발행 2017년 4월 17일

책임편집 송화록, 한누리
디자인 하태호, 이승현
삽화 오경진

다락원 경기도 파주시 문발로 211
내용문의: (02)736-2031 내선 460~466
구입문의: (02)736-2031 내선 250~252
Fax: (02)732-2037
출판등록 1977년 9월 16일 제300-1977-23호

값 15,000원 (MP3 CD 1장 포함)

ISBN 978-89-277-1129-2 18730
      978-89-277-1126-1(세트)

http://www.darakwon.co.kr

- 다락원 홈페이지를 방문하시면 상세한 출판 정보와 함께 동영상강좌, MP3 자료 등
  다양한 어학 정보를 얻으실 수 있습니다.
- 다락원 모바일 홈페이지 또는 표지의 QR코드를 스캔하시면 MP3 파일 및 관련자료
  를 다운로드 하실 수 있습니다.

머리말

JLPT(일본어능력시험)가 커뮤니케이션 중심의 문제로 탈바꿈한 뒤 벌써 5년, 횟수로는 12번째의 시험을 끝냈습니다. 그러나 시중에 출판되고 있는 JLPT 수험서 중에는 새롭게 달라진 문제 유형에 대비하여 잘 풀 수 있는 TIP 등을 제시하는 책이 거의 없습니다. 그래서 조금이라도 학습자 입장에서 필요한 내용들을 엮은 책을 만들고자 생각했습니다.

이 책의 특징은

1. 새로워진 JLPT 문제에 관한 설명 및 문제를 잘 푸는 방법을 구체적으로 실었습니다.
2. 2010년 7월 1회 차부터 2015년 12월 12회 차까지 실제 시험에 나왔던 기출 어휘를 오답 어휘와 함께 정리했습니다.
3. 다음 시험에 대비하기 위해 공부해야 할 내용들을 [문자·어휘] [문법] [독해] [청해] 파트로 나누어 시험 문제의 출제 유형에 따라 정리해서 담았습니다.

JLPT를 가르치는 사람이 보기 쉬운 수험서가 아니라 공부하는 학습자가 독학을 해도 충분히 시험에 대비할 수 있도록 최대한 학습자 입장에서 썼습니다. 이 책을 통해서 좀 더 많은 학습자들이 쉽게 시험에 대비하여 꼭 합격하면 좋겠습니다.

마지막으로 본 책의 출판에 도움을 주신 (주)다락원의 정규도 사장님과 일본어 출판부의 직원 여러분, 부속한 책에 조언해 주시고 감수해 주신 고려대 문과대학 일어일문학과 정병호 교수님, 그 외 가족들과 교우, 친구들, 그리고 정신적인 멘토 이경환 박사님 및 사제모 여러분께 정말 감사드립니다.

저자 **허성미**(나루미), **황수영, 최은정**

이 교재는 JLPT 합격을 위한 비법서로서, ① 문제 유형별 설명 및 비법 TIP ② JLPT 기출 어휘·문법 체크 ③ JLPT 완벽 대비의 3파트로 구성되어 있다.

문제 유형별
설명 및 비법 TIP ❖

문제이해에서는 해당 유형의 문제에서의 개요와 문제수, 특징 등을 서술하고 있다.

기출문제유형에서는 기출문제를 제시하며 해석과 함께 주의해야 할 사항 등을 해설하고 있다.

청해 파트에서는 메모 예시를 실어 메모하는 방법을 소개하고, 첨삭을 통해 어떻게 보기를 지워나가는지 자세하게 보여주고 있다.

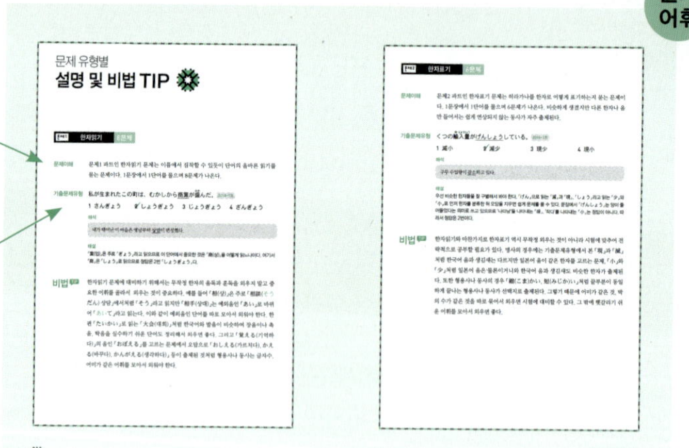

비법 TIP 에서는 해당 문제를 잘 풀기 위한 비법과 공부법 등이 제시되어 있다.
비법 TIP 에 쓰인 충고를 염두에 두고 문제를 풀면 한결 수월하게 해결할 수 있다.

JLPT 기출 어휘·문법 체크

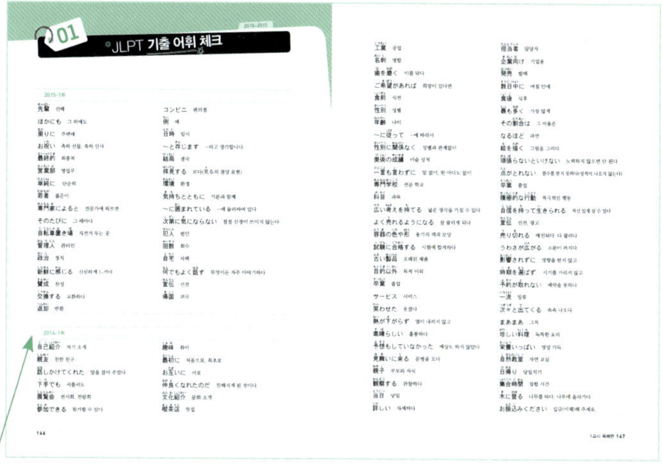

JLPT 기출 어휘·문법 체크에서는 2010년부터 2015년까지 출제된 어휘를 공개하고, 정답 어휘나 문법 뿐만 아니라 보기에서 제시된 어휘 중 다시 출제될 가능성이 높은 어휘까지 함께 실어 실전에 대비할 수 있게 하였다.

연도와 횟수별로 기출 어휘를 제시하고 있다.

JLPT 완벽 대비

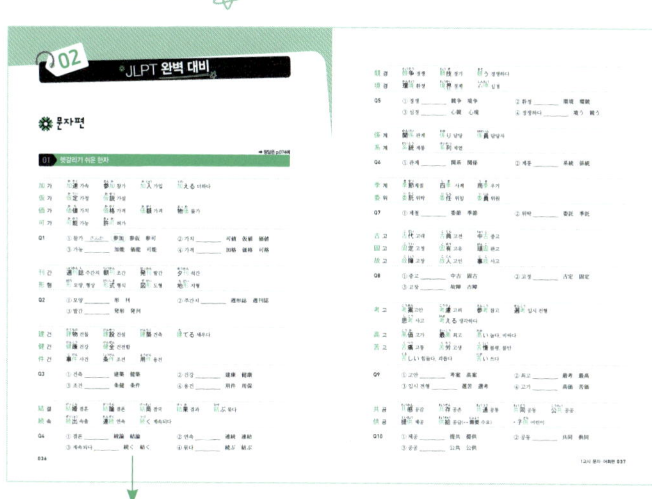

마지막으로 JLPT 완벽 대비에서는 각 문제별로 필요한 단어 및 문법, 문형 등을 실어 시험에서 좀 더 고득점을 받을 수 있도록 하였다. 1. 문자·어휘에서는 주제별로 단어를 묶어 쉽게 외울 수 있게 하였고, 2. 문법에서는 N3 기본 문법과 필수 기능어 100, N3에서 알아두어야 할 N4 문법을 실었다. 3. 독해와 4. 청해에서는 각 파트에서 자주 출제되는 유형을 정리하였다.

헷갈리기 쉬운 한자, 탁음 및 촉음 구별·장단음 문제에서 자주 나오는 단어,
N3에서 알아두어야 할 동사, 형용사, 부사 등을 알차게 실었다.
해당 한자에는 별색을 두어 구분되도록 하였다.

목차

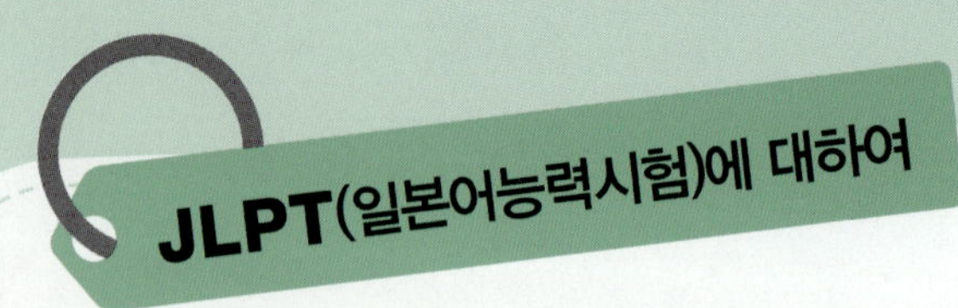

1. JLPT의 레벨

시험은 N1, N2, N3, N4, N5로 나뉘어져 있어 수험자가 자신에게 맞는 레벨을 선택합니다. 각 레벨에 따라 N1~N2는 언어지식(문자·어휘·문법)·독해, 청해의 두 섹션으로, N3~N5는 언어지식(문자·어휘), 언어지식(문법)·독해, 청해의 세 섹션으로 나뉘어져 있습니다.

시험과목과 시험시간 및 인정기준은 다음과 같으며, 인정기준을 「읽기」, 「듣기」의 언어 행동으로 나타냅니다. 각 레벨에는 이들 언어행동을 실현하기 위한 언어지식이 필요합니다.

레벨	과목별 시간		인정기준
	유형별	시간	
N1	언어지식(문자·어휘·문법)·독해	110분	**기존시험 1급보다 다소 높은 레벨까지 측정** 【읽기】 논리적으로 약간 복잡하고 추상도가 높은 문장등을 읽고, 문장의 구성과 내용을 이해할 수 있으면, 다양한 화재의 글을 읽고, 이야기의 흐름이나 상세한 표현의도를 이해할 수 있다.
	청해	60분	【듣기】 자연스러운 속도의 체계적 내용의 회화나 뉴스, 강의를 듣고, 내용의 흐름 및 등장인물의 관계나 내용의 논리구성 등을 상세히 이해하거나, 요지를 파악할 수 있다.
	계	170분	
N2	언어지식(문자·어휘·문법)·독해	105분	**기존시험의 2급과 거의 같은 레벨** 【읽기】 신문이나 잡지의 기사나 해설 평이한 평론 등, 논지가 명쾌한 문장을 읽고 문장의 내용을 이해할 수 있으며, 일반적인 화제에 관한 글을 읽고, 이야기의 흐름이나 표현의도를 이해할 수 있다.
	청해	50분	【듣기】 자연스러운 속도의 체계적 내용의 회화나 뉴스를 듣고, 내용의 흐름 및 등장인물의 관계를 이해하거나, 요지를 파악할 수 있다.
	계	155분	
N3	언어지식(문자·어휘)	105분	**기존시험의 2급과 3급사이에 해당하는 레벨(신설)** 【읽기】 일상적인 화제에 구체적인 내용을 나타내는 문장을 읽고 이해할 수 있으며, 신문의 기사제목등에서 정보의 개요를 파악할 수 있다. 일상적인 장면에서 난이도가 약간 높은 문장을 바꿔 제시하며 요지를 이해할 수 있다.
	언어지식(문법)·독해		
	청해	40분	【듣기】 자연스러운 속도의 체계적 내용의 회화를 듣고, 이야기의 구체적인 내용을 등장인물의 관계등과 함께 거의 이해할 수 있다.
	계	145분	
N4	언어지식(문자·어휘)	95분	**기존시험 3급과 거의 같은 레벨** 【읽기】 기본적인 어휘나 한자로 쓰여진, 일상생활에서 흔하게 일어나는 화제의 문장을 읽고 이해할 수 있다.
	언어지식(문법)·독해		
	청해	35분	【듣기】 일상적인 장면에서 다소 느린 속도의 회화라면 거의 내용을 이해할 수 있다.
	계	130분	
N5	언어지식(문자·어휘)	80분	**기존시험 4급과 거의 같은 레벨** 【읽기】 히라가나나 가타카나, 일상생활에서 사용되는 기본적인 한자로 쓰여진 정형화된 어구나, 문장을 읽고 이해할 수 있다.
	언어지식(문법)·독해		
	청해	30분	【듣기】 일상생활에서 자주 접하는 장면에서 느리고 짧은 회화로부터 필요한 정보를 얻어낼 수 있다.
	계	110분	

※N3 – N5 의 경우, 1교시에 언어지식(문자·어휘)과 언어지식(문법)·독해가 연결실시됩니다.

2. 시험결과의 표시

레벨	득점 구분	득점 범위
N1	언어지식(문자·어휘·문법)	0 ~ 60
	독해	0 ~ 60
	청해	0 ~ 60
	종합득점	0 ~ 180
N2	언어지식(문자·어휘·문법)	0 ~ 60
	독해	0 ~ 60
	청해	0 ~ 60
	종합득점	0 ~ 180
N3	언어지식(문자·어휘·문법)	0 ~ 60
	독해	0 ~ 60
	청해	0 ~ 60
	종합득점	0 ~ 180
N4	언어지식(문자·어휘·문법)·독해	0 ~ 120
	청해	0 ~ 60
	종합득점	0 ~ 180
N5	언어지식(문자·어휘·문법)·독해	0 ~ 120
	청해	0 ~ 60
	종합득점	0 ~ 180

N1, N2, N3의 득점구분은 '언어지식(문자·어휘·문법)', '독해', '청해'의 3구분입니다.
N4, N5의 득점구분은 '언어지식(문자·어휘·문법)·독해'와 '청해'의 2구분입니다.

3. 시험결과 통지의 예

다음 예와 같이 ① '득점구분 별 득점'과 득점구분 별 득점을 합계한 ② '종합득점', 앞으로의 일본어 학습을 위한 ③ '참고정보'를 통지합니다. ③ '참고정보'는 합격/불합격 판정 대상이 아닙니다.

*예 : N3을 수험한 Y씨의 '합격/불합격 통지서'의 일부성적정보 (실제 서식은 변경될 수 있습니다.)

① 득점 구분 별 득점			② 종합득점
언어지식 (문자·어휘·문법)	독해	청해	
50 / 60	30 / 60	40 / 60	120 / 180

③ 참고 정보	
문자·어휘	문법
A	C

A 매우 잘했음 (정답률 67% 이상)
B 잘했음 (정답률 34%이상 67% 미만)
C 그다지 잘하지 못했음 (정답률 34% 미만)

4. 득점등화란?

　서로 다른 시기에 실시되는 시험에서는 출제되는 문제가 다르므로 아무리 신중하게 출제를 해도 매회 시험의 난이도가 다소 변동하게 됩니다. 따라서 신시험에서는 '등화' 방법을 통해 다른 시기에 실시된 시험 득점을 공통 척도상의 득점으로 표시하여 서로 비교할 수 있도록 했습니다.

　예를 들어 Z씨가 어느 해 7월과 12월에 N2를 수험했을 경우 득점구분의 '청해' 결과를 표시했습니다. 이 두 번의 시험은 7월보다 12월이 어려웠다고 합시다. Z씨가 두 번의 시험 모두에서 전체 20문제 중 10문제를 정답이었을 경우 정답 수만을 비교하면 Z씨의 능력에는 변화가 없는 것처럼 보입니다. 한편 등화에 따라 얻은 척도 점수는 7월은 30점, 12월은 35점으로 어려웠던 12월 시험의 득점이 높습니다. 이와 같이 시험 결과를 척도득점으로 표시함으로써 시험 난이도의 영향을 받지 않고 수험자가 능력의 향상도를 확인할 수 있습니다.

	7월	12월
'청해' 정답 수	20문제 중 10문제	20문제 중 10문제
등화된 '청해' 척도 득점	30점	35점

*표 내의 문제 수 및 득점 숫자는 설명을 위한 예로서 실제 척도점수 표시에 의한 것은 아닙니다

문자·어휘편

- 문제 유형별 설명 및 비법 TIP
1 기출 어휘 체크
2 JLPT 완벽 대비

문제 유형별
설명 및 비법 TIP ✳

문제1 한자읽기 8문제

문제이해 문제1 파트인 한자읽기 문제는 이름에서 짐작할 수 있듯이 단어의 올바른 읽기를 묻는 문제이다. 1문장에서 1단어를 물으며 8문제가 나온다.

기출문제유형 私が生まれたこの町は、むかしから商業が盛^{さか}んだ。 2014-1회

1 さんぎょう　　**2** しょうぎょう　　3 じょうぎょう　　4 ざんぎょう

해석

내가 태어난 이 마을은 옛날부터 상업이 번성했다.

해설
「業(업)」은 주로 「ぎょう」라고 읽으므로 이 단어에서 중요한 것은 「商(상)」을 어떻게 읽느냐이다. 여기서 「商」은 「しょう」로 읽으므로 정답은 2번 「しょうぎょう」다.

비법 TIP 한자읽기 문제에 대비하기 위해서는 무작정 한자의 음독과 훈독을 외우지 말고 중요한 어휘를 골라서 외우는 것이 중요하다. 예를 들어 「相(상)」은 주로 「相談(そうだん) 상담」에서처럼 「そう」라고 읽지만 「相手(상대)」는 예외음인 「あい」로 바뀌어 「あいて」라고 읽는다. 이와 같이 예외음인 단어를 따로 모아서 외워야 한다. 한편 「たいかい」로 읽는 「大会(대회)」처럼 한국어와 발음이 비슷하여 장음이나 촉음, 탁음을 실수하기 쉬운 단어도 정리해서 외우면 좋다. 그리고 「覚える(기억하다)」의 음인 「おぼえる」를 고르는 문제에서 오답으로 「おしえる(가르치다), かえる(바꾸다), かんがえる(생각하다)」 등이 출제된 것처럼 형용사나 동사는 글자수, 어미가 같은 어휘를 모아서 외워야 한다.

문제이해　문제2 파트인 한자표기 문제는 히라가나를 한자로 어떻게 표기하는지 묻는 문제이다. 1문장에서 1단어를 물으며 6문제가 나온다. 비슷하게 생겼지만 다른 한자나 음만 들어서는 쉽게 연상되지 않는 동사가 자주 출제된다.

기출문제유형　くつの輸入量（ゆにゅうりょう）がげんしょうしている。　2014-1회

1　減小　　　2　減少　　　3　現少　　　4　現小

해석

> 구두 수입량이 감소하고 있다.

해설

우선 비슷한 한자들을 잘 구별해서 봐야 한다. 「げん」으로 읽는 「減」과 「現」, 「しょう」라고 읽는 「少」와 「小」로 먼저 한자를 분류한 뒤 오답을 지우면 쉽게 문제를 풀 수 있다. 문장에서 「げんしょう」는 양이 줄어들었다는 의미로 쓰고 있으므로 '나타남'을 나타내는 「現」, '작다'를 나타내는 「小」는 정답이 아니다. 따라서 정답은 2번이다.

비법 TIP　한자읽기와 마찬가지로 한자표기 역시 무작정 외우는 것이 아니라 시험에 맞추어 전략적으로 공부할 필요가 있다. 명사의 경우에는 기출문제유형에서 본 「現」과 「減」처럼 한국어 음과 생김새는 다르지만 일본어 음이 같은 한자를 고르는 문제, 「小」와 「少」처럼 일본어 음은 물론이거니와 한국어 음과 생김새도 비슷한 한자가 출제된다. 또한 형용사나 동사의 경우 「細（こま）かい, 短（みじか）い」처럼 끝부분이 동일하게 끝나는 형용사나 동사가 선택지로 출제된다. 그렇기 때문에 이미가 같은 것, 박의 수가 같은 것을 따로 묶어서 외우면 시험에 대비할 수 있다. 그 밖에 헷갈리기 쉬운 어휘를 모아서 외우면 좋다.

문제이해 문맥규정 문제는 문장 속 공란에 의미적으로 가장 적당한 단어를 골라 넣는 문제이다. 공란의 전후 문맥에 맞추어 어떤 의미를 갖는 말이 공란에 들어가면 좋을지 선택지에서 고르면 된다. 문맥에 따라서 공란 안에 들어가는 말은 명사, 동사, い형용사, な형용사, 부사, 외래어 및 관용표현 등 폭넓게 출제된다.

기출문제유형 初めて鈴木さんに会ったときには、明るい人だという（　　　　　）を受けた。 2011-1회

1 感覚   2 意識   3 ✓印象   4 気分

해석

처음 스즈키 씨를 만났을 때에는 밝은 사람이라는 <u>인상</u>을 받았다.

해설

공란 앞에 「明るい人だという 밝은 사람이라는」라는 꾸밈말이 있고, 공란 뒤에 「~を受(う)けた ~을 받았다」라는 내용이 왔으므로 전후 단어에 맞추어 문맥상 맞는 말을 찾으면 된다. 1번 「感覚(かんかく)」는 감각, 2번 「意識(いしき)」는 의식, 3번 「印象(いんしょう)」는 인상, 4번 「気分(きぶん)」은 기분이라는 뜻이므로 이 중에서 문맥상 가장 잘 어울리는 단어는 3번 「印象(いんしょう)」다.

비법 TIP 이 문제는 앞에서도 언급했듯이 명사, 동사, い형용사, な형용사, 부사, 외래어, 그리고 관용표현 등에서 폭넓게 출제되므로 두루 공부해야 한다. 하지만 무작정 외우기에는 어휘의 범위가 너무 넓기 때문에 단어 자체를 외울 때 같이 쓰이는 명사, 또는 같이 쓰이는 동사를 함께 외우면 도움이 된다. 예를 들어 「印象(いんしょう) 인상」이라는 단어를 외울 때 「印象(いんしょう)」만 외우는 것이 아니라 「受(う)ける 받다」라는 동사와 함께 「印象(いんしょう)を受(う)ける 인상을 받다」라는 식으로 외워두면 따로 공부하지 않아도 이 문제에 효율적으로 대처할 수 있다. 부사의 경우에는 1~2문제씩 출제되는데 기존 기출문제의 오답에서 정답이 나오는 경우가 많으므로 출제되었던 어휘 위주로 외워야 한다.

문제이해

유의표현은 밑줄 친 단어나 표현과 의미적으로 가까운 것을 고르는 문제이다. 지금까지 출제된 경향을 보면 빈도가 가장 높은 품사는 부사이며 두 번째로 높은 것은 동사나 형용사이다. 동사나 형용사가 그 문장 속에서 어떤 의미로 사용되는지를 파악하여 그 의미를 풀어 쓰는 문제가 많이 출제되었다.

기출문제유형

その日から約一か月が<u>たちました</u>。 2011-1회

✓ 1 過ぎました　　2 かかりました　　3 待ちました　　4 続けました

해석

그 날부터 약 한 달이 <u>지났습니다</u>.

해설

동사「たつ」는 '(시간이) 흐르다'라는 뜻을 갖는 동사이다. 선택지 1번은 '지났습니다', 2번은 '걸렸습니다', 3번은 '기다렸습니다', 4번은 '계속되었습니다'라는 뜻이므로「たちました」와 의미가 가장 가까운 표현은 1번「すぎました」이다.

비법 TIP

유의표현 문제를 잘 풀기 위한 열쇠는 동사와 부사에 있다. 무조건이라고 해도 좋을 만큼 1문제 많게는 3문제까지 동사나 부사가 출제된다. 대개 같은 수준의 단어를 묻지만 N3 수준의 단어의 유의표현으로 N4 수준의 어휘를 묻기도 한다. 그리고 단어를 학습할 때「習(なら)う 배우다」를「教(おし)えてもらう」나「教(おそ)わる」로 바꿔 쓸 수 있는 것과 같이 유의표현을 체크해 두는 편이 좋다. 동사의 경우에는「讓(ゆず)る 양보하다, 양도하다」처럼 뜻이 여러 가지인 경우도 있으므로 문장을 잘 읽은 뒤 답을 골라야 한다.

알아두면 좋은 유의표현

受け持つ 맡다, 담당하다	≒	担当する	담당하다
気をつける 조심하다	≒	注意する	주의하다
暮らす 생활하다	≒	生活する	생활하다
学ぶ 배우다	≒	勉強する	공부하다
出来上がる 완성되다	≒	完成する	완성하다
取り消す 취소하다	≒	キャンセルする	취소하다
近づく 다가오다	≒	迫る	닥쳐오다
ダブる 중복되다, 겹치다	≒	重なる	포개지다, 겹치다
あきる 질리다	≒	嫌になる	싫어지다
気に入る 마음에 들다	≒	好きだ	좋아하다

문제이해   용법 문제는 출제 단어가 문장 속에서 어떻게 사용되는지를 묻는다. 출제된 단어의 기본적인 지식을 묻는 문제이며 구체적으로 그 단어의 품사는 무엇인지, 그 단어를 어떤 단어와 함께 사용할 수 있는지 묻는다.

기출문제유형   どなる   2014-1회

1 急に空から雷がどなり始めた。

2 電話がどなる音で目が覚めた。

✓ 3 そんなにどならなくても、ちゃんと聞こえるよ。

4 庭で鳥がどなっていて、うるさい。

해석

> 그렇게 고함치지 않아도 잘 들려.

해설

どなる는 '고함치다, 호통치다'라는 뜻이며, 주어는 사람이어야 하므로 1번의 「雷(かみなり) 번개」, 2번의 「電話(でんわ) 전화」, 4번의 「鳥(とり) 새」는 답이 될 수 없다. 따라서 정답은 3번이다.

비법 TIP   용법 문제의 경우 각 품사에서 두루 출제된다. 기본적으로 어떠한 품사가 출제되든 무조건 문장을 해석하려고 해서는 정답을 찾기 어렵다. 품사별로 특징을 파악하고 그에 맞춰서 오답을 지워야 한다.

명사의 경우 같이 쓰는 동사나 명사 자체의 정확한 의미를 아는 것이 중요하다. 예를 들어 「発展(はってん)」이라는 단어는 도시, 나라 등이 '발전'할 때 쓰는 단어이기 때문에 같이 쓰는 단어도 그와 어울려야 한다. 즉 선택지 문장에서 출제된 단어의 앞뒤를 살펴보고 그 뜻과 상관 없는 오답부터 지워가는 형식으로 풀어야 한다.

부사의 경우 지금까지 출제된 단어를 보면 주로 문형과 함께 쓰는 부사들이 출제되는 경향을 보인다. 예를 들어 「そろそろ(슬슬)」은 주로 권유하는 표현과 같이 쓰므로 문말에 「~ましょう(~합시다)」나 「~ませんか(~하지 않겠습니까)」가 와야 한다. 이처럼 부사는 함께 쓰는 문형을 미리 체크해 두면 좋다.

형용사와 동사의 경우에는 한자만으로도 뜻을 유추할 수 있기 때문에 의도적으로 음만 표기하는 경우가 있다. 형용사와 동사는 음과 뜻을 정확하게 파악해 두어야 한다.

01 ❄ JLPT 기출 어휘 체크

01 기출 어휘

2015-1회

일본어	뜻	일본어	뜻
美しい	아름답다	想像	상상
汚れる	더러워지다	朝食	조식, 아침식사
首	목	経営学	경영학
分類	분류	干す	널다, 말리다
正解	정답	関心	관심
投げる	던지다	原因	원인
勤める	근무하다	規則	규칙
発表	발표	守る	지키다
順番	순서	文句	불만, 트집
キャンセル	취소	代表的	대표적
栄養	영양	隠す	숨기다
割合	비율	そっくりだ	닮다
観察	관찰	観光	관광
見学	견학	見物	구경
しっかり	단단히, 튼튼히, 제대로	びっくりする	놀라다
がっかりする	실망하다	平均	평균
数字	숫자	計算	계산
捨てる	버리다	埋める	메우다, 보충하다
加える	더하다, 가하다, 늘리다	影響	영향
食欲	식욕	健康	건강
実用的	실용적	効果的	효과적
積極的	적극적	カットする	자르다(유 切る)
オープンする	열다	チェックアウト	체크아웃

けち	인색함	けんか	싸움
命令	명령	間隔	간격
前後	전후	時差	시차
結ぶ	묶다	組む	(그룹을) 짜다
付ける	붙이다	伝言	전언(남기는 말)
会話	회화	面接	면접
移動	이동	預ける	맡기다
新鮮	신선함	清潔	청결함
混ぜる	섞다		

2015-2회

湖	호수	港	항구
池	연못	波	파도
伝える	전하다	答える	대답하다
教える	가르치다	数える	(수를) 세다
表す	나타내다(감정, 표현)	示す	가리키다, 나타내다
さす	가리키다, 지목하다(사물, 방향)	写す	(문서나 그림을) 베끼다
血液型	혈액형	変化	변화
荷物	짐	平均	평균
支給	지급	文化	문화
品物	물건, 물품	返金	돈을 돌려줌
時給	시급	楽器	악기
借りる	빌리다	代わる	대신하다
貸す	빌려주다	現在	현재
現存	현존(げんそん이라고도 읽음)	緑	녹색
黄色	노란색	青	파랑
赤	빨강	頼る	의지하다
願う	바라다, 원하다	仕切る	칸막이를 하다, 결산을 하다
編む	엮다, 뜨다	縛る	묶다, 결박하다
絞る	쥐어짜다	結ぶ	묶다

料金 (りょうきん)	요금	有料 (ゆうりょう)	유료
貯金 (ちょきん)	저금	物価 (ぶっか)	물가
戦う (たたかう)	싸우다, 전투하다	踏む (ふむ)	밟다
壊す (こわす)	부수다, 망치다	曲げる (まげる)	구부리다
防ぐ (ふせぐ)	막다, 방어하다	守る (まもる)	지키다
興味 (きょうみ)	흥미	好物 (こうぶつ)	좋아하는 음식이나 물건
趣味 (しゅみ)	취미	味 (あじ)	맛
色 (いろ)	색	香り (かおり)	향기
演奏 (えんそう)	연주	気分 (きぶん)	기분
活動 (かつどう)	활동	行動 (こうどう)	행동
リサイクル	리사이클, 재활용	チャレンジ	도전
ストップ	멈춤	キャンセル	취소
ぴったり	딱 들어맞음(사이즈, 디자인 등)	うっかり	무심코, 깜박
ぺらぺら	유창하게 말하는 모양	ふらふら	비틀비틀
盛ん (さかん)	번성함, 기세가 좋음	派手 (はで)	화려함
立派 (りっぱ)	훌륭함	賑やか (にぎやか)	활기참, 북적임
しゅうり	수리	親しい (したしい)	친하다
締め切り (しきり)	마감	ゆでる	(물에) 데치다
渋滞 (じゅうたい)	정체		

2014-1회

商業 (しょうぎょう)	상업	残業 (ざんぎょう)	야근
覚える (おぼえる)	기억하다, 외우다	教える (おしえる)	가르치다
考える (かんがえる)	생각하다, 고안하다	広告 (こうこく)	광고
報告 (ほうこく)	보고	相手 (あいて)	상대
大会 (たいかい)	대회	割れる (われる)	갈라지다, 깨지다
汚れる (よごれる)	더러워지다	倒れる (たおれる)	쓰러지다
濡れる (ぬれる)	젖다	集中 (しゅうちゅう)	집중
食器 (しょっき)	식기	消す (けす)	(불, 전기 등을) 끄다
流す (ながす)	흘리다, 흐르게 하다	欠席 (けっせき)	결석

細^{こま}かい	가늘다, 잘다	短^{みじか}い	짧다
若^{わか}い	젊다	複数^{ふくすう}	복수
減少^{げんしょう}	감소	分^わける	나누다, 분배하다
離^{はな}す	(사이를) 떼어 놓다	引^ひく	끌다, 당기다
お祝^{いわ}い	축하 인사, 축하 선물	お願^{ねが}い	부탁
おかわり	같은 음식을 더 먹음	お見舞^{みま}い	병문안
方法^{ほうほう}	방법	都合^{つごう}	형편, 사정
規則^{きそく}	규칙	計画^{けいかく}	계획
積極的^{せっきょくてき}	적극적	感情的^{かんじょうてき}	감정적
効果的^{こうかてき}	효과적	具体的^{ぐたいてき}	구체적
資源^{しげん}	자원	環境^{かんきょう}	환경
基礎^{きそ}	기초	栄養^{えいよう}	영양
印象^{いんしょう}	인상	我慢^{がまん}	참음, 용서함
遠慮^{えんりょ}	사양, 삼가	努力^{どりょく}	노력
心配^{しんぱい}	걱정	記念^{きねん}	기념
満足^{まんぞく}	만족	感激^{かんげき}	감격
経験^{けいけん}	경험	～料^{りょう}	～료
あきる	질리다, 싫증나다	嫌^{きら}う	싫어하다
諦^{あきら}める	포기하다	怖^{こわ}がる	무서워하다
パンフレット	팜플렛	アナウンス	아나운스, 방송함
コマーシャル	광고 방송	サンプル	샘플
内容^{ないよう}	내용	発展^{はってん}	발전
伝^{つた}わる	전해지다, 알려지다	どなる	고함치다, 호통치다
期限^{きげん}	기한		

2014-2회

横^{よこ}	옆	そば	옆
となり	옆	奥^{おく}	깊숙한 곳, 속
つかまえる	붙잡다	替^かえる	바꾸다, 교환하다
伝^{つた}える	전하다	加^{くわ}える	더하다

自然	자연	応用	응용
一般的	일반적	検査	검사
呼吸	호흡	観察	관찰
厚い	두껍다	薄い	연하다, (옷이) 얇다
甘い	달다	辛い	맵다
駐車	주차	仮定	가정
温泉	온천	雑誌	잡지
恋しい	그립다	移る	옮기다, 이동하다
着る	입다	到着	도착
動く	움직이다	池	연못
愛	사랑	親しい	친하다
好ましい	바람직하다	目的	목적
覚める	깨다, 눈이 뜨이다	テーマ	테마, 주제
穴	구멍	合計	합계
悔しい	분하다	ぶつける	부딪치다
間隔	간격	くせ	버릇, 습관
ふらふら	비틀비틀	当日	당일
予報	예보	効果	효과
完成	완성	驚く	놀라다
感じる	느끼다	気付く	알아차리다
プログラム	프로그램(⊕ 番組)	ヒント	힌트(⊕ てがかり)
インフォメーション	안내(⊕ 案内)	傷	상처
けが	상처, 부상	よごれ	얼룩
共通	공통	全体	전체
集中	집중	くさい	고약한 냄새가 나다
うるさい	시끄럽다	こわい	무섭다
手を振る	손을 흔들다	手を握る	손을 잡다
重ねる	포개다, 거듭하다	順番	순번
方向	방향	位置	위치
決まり	규칙, 틀	かたち	모양, 형태

続き	이음, 연결, 계속됨	ばらばら	뿔뿔이
からから	(목이) 마른 모양	ぺらぺら	술술(외국어를 유창하게 말하는 모양)
平日	평일	本日	오늘
先日	지난날	たまる	① (돈, 재산이) 모이다 ② (할 일이) 쌓이다
縮小	축소	制限	제한
話しかける	말을 걸다	離す	떨어지다

苦しい	괴롭다, 난처하다	悲しい	슬프다
悔しい	분하다	寂しい	쓸쓸하다, 허전하다, 외롭다
根	뿌리, 근본, 천성	席	자리
鍵	열쇠	穴	구멍
ふた	뚜껑	出張	출장
事情	사정	事故	사고
通知	통지	選手	선수
実力	실력	努力	노력
容器	용기	遅く	늦게
信じる	믿다	疲れる	피곤하다
重ねる	겹치다, 포개다	残業	야근, 잔업
乾く	마르다, 건조하다	空く	비다
ぺこぺこ	(배가) 고픈 모양	ふらふら	비틀비틀
渋滞	정체, 밀림	運休	운휴(운행을 쉼)
故障	고장	集中	집중
おかしい	이상하다	貧しい	가난하다
厳しい	엄하다	しつこい	끈질기다, 집요하다
交換	교환	移動	이동
変化	변화	入力	입력
リサイクル	리사이클, 재활용	キャンセル	취소
チェンジ	체인지, 교환	うわさ	소문
文句	불평	宣伝	선전

うそ	거짓말	主に	주로, 대부분
必ず	반드시, 꼭	全て	전부, 모두
十分	충분히	不安	불안
無理	무리	退屈	지루함, 따분함
苦手	어렵고 힘듦, 서투름	なるべく	되도록, 가능한 한
ずいぶん	대단히, 꽤	きっと	꼭, 반드시
さっそく	즉시	閉じる	① (문을) 닫다 ② (눈을) 감다 ③ (책을) 덮다
止める	멈추다, 세우다, 끊다	下げる	내리다
畳む	(종이, 우산을) 접다, (이불을) 개다	締める	죄다, 졸라매다
曲げる	구부리다, 굽히다	結ぶ	잇다, 매다
建設	건설	身につける	(기술을) 습득하다, (옷을) 입다
発生	발생	握る	쥐다, 장악하다
だるい	나른하다	うわさ	소문
不安	불안	辞める	(다니던 곳을) 그만두다
お皿をさげる	다 먹은 접시를 정리하다	お腹がすいた	배가 고프다
材料	재료	調子	상태
緩い	헐렁하다, 느슨하다	たつ	(시간, 세월이) 흐르다
突然	갑자기	物価	물가
追いつく	따라잡다	引き受ける	(일, 역할을) 떠맡다
おぼれそうだ	빠질 것 같다	別々	따로따로
自慢	자랑	こおりそうだ	얼 것 같다
たまりそうだ	쌓일 것 같다	都合がわるい	(시간상) 여건이 좋지 못하다
気分が悪い	컨디션이 나쁘다	すべりそうだ	미끄러질 것 같다

2013-2회

生える	(풀, 이빨, 머리 등이) 나다	各地	각지
貯金	저금	代金	대금
現金	현금	税金	세금
留守	부재중	存在	존재
浅い	얕다	厚い	두껍다

薄い	연하다, 얇다	文章	문장, 글
文書	문서	改札	개찰
会場	회장	警察	경찰
形状	형상	笑う	웃다
困る	곤란하다	起こる	일어나다
疑う	의심하다	倍	배
逃げる	도망치다	貸す	빌려주다
包む	포장하다, 감싸다	呼ぶ	부르다
結ぶ	(매듭을) 묶다	運ぶ	운반하다, 옮기다
のどの調子が悪い	목의 상태가 좋지 않다	都合が悪い	(시간상) 여건이 좋지 못하다
気分が悪い	컨디션이 나쁘다	ズボンが緩い	바지가 헐렁하다
きつい	(옷이) 꽉 끼다, (일, 생활이) 힘들다	経つ	지나다
突然	갑자기	雨が降る	비가 내리다
物価が高い	물가가 비싸다	やっと	겨우
追いつく	따라잡다	引き受ける	(일, 역할을) 맡다
おぼれる	(물에) 빠지다	こおる	얼다
たまる	(돈, 재산이) 모이다, (할 일이) 쌓이다	すべる	미끄러지다
材料	재료	作り方	만드는 법

汗	땀	ごみ	쓰레기
汚れ	더러움	涙	눈물
配る	분배하다, 배포하다	黙る	말을 하지 않다
もらう	받다	払う	지불하다
完成	완성	建設	건설
完全な	완전한	建築	건축
島	섬	星	별
鳥	새	馬	말
困る	곤란하다, 난감하다	迷う	헤매다, 망설이다
怒る	화를 내다	疑う	의심하다

平日 (へいじつ)	평일	卒業 (そつぎょう)	졸업
固い (かた)	단단하다, 굳다	軽い (かる)	가볍다
緩い (ゆる)	느슨하다	きつい	꽉 끼다, 까다롭다
守る (まも)	지키다, 보호하다	要る (い)	필요하다
取る (と)	잡다, 쥐다, 집다	週刊誌 (しゅうかんし)	주간지
相談 (そうだん)	상담	自信 (じしん)	자신
温める (あたた)	따뜻하게 하다	原料 (げんりょう)	원료
材料 (ざいりょう)	재료	流れ (なが)	흐름
感じ (かん)	느낌	急ぎ (いそ)	서두름, 급함
動き (うご)	움직임	外食 (がいしょく)	외식
食器 (しょっき)	식기	試食 (ししょく)	시식
食欲 (しょくよく)	식욕	スタート	시작
セット	세트, 조절함, 설정	ストップ	스톱, 멈춤
キャンセル	취소	差 (さ)	차이
意志 (いし)	의지	努力 (どりょく)	노력
希望 (きぼう)	희망	別れる (わか)	헤어지다, 이별하다
付き合う (つ あ)	사귀다	係わる (かか)	관계하다, 상관하다
待ち合わせる (ま あ)	시간, 장소를 정하고 만나다	起きる (お)	일어나다, 발생하다
立つ (た)	일어서다	始まる (はじ)	시작되다
開く (あ)	열리다	応援 (おうえん)	응원
参加 (さんか)	참가	指導 (しどう)	지도
競争 (きょうそう)	경쟁	延ばす (の)	(시간을) 연장하다
移す (うつ)	옮기다	やり直す (なお)	다시 하다
取り替える (と か)	바꾸다, 교환하다	振る (ふ)	흔들다
触る (さわ)	닿다, 손을 대다	握る (にぎ)	쥐다
ラップ	랩	カバー	① 덮개 ② 보충(＋する)
ケース	케이스	マスク	마스크
叩く (たた)	치다, 두드리다	緊張 (きんちょう)	긴장
暗記 (あんき)	암기	通り過ぎる (とお す)	(못 보고) 지나가다, 통과하다
翻訳 (ほんやく)	번역	訪問 (ほうもん)	방문

剝く	(껍질을) 벗기다, 까다	意志	의지
応援	응원	起きる	기상하다, (사건 등이) 발생하다
外食	외식	がっかりする	실망하다
片方	한쪽	差	차, 차이
ヒント	힌트	流れ	흐름
募集	모집	振る	흔들다
別れる	헤어지다, 작별하다	短い	짧다
弱い	약하다	細い	가늘다, 얇다
硬い	딱딱하다	他人	타인
知人	지인	示す	가리키다, 나타내다
移す	옮기다	指す	(손으로) 가리키다, 지적하다
表す	나타내다, 표현하다	外科	외과
外貨	외화	画家	화가
笑顔	웃는 얼굴	以降	이후
横断	횡단	合図	신호
強盗	강도	帰宅	귀가
育てる	키우다, 기르다	記録	기록
歯	이, 치아	腹	배
胃	위	腰	허리
結ぶ	잇다, 묶다	復習	복습
想像	상상	確認	확인
観察	관찰	工夫	궁리, 아이디어, 생각
折る	접다, 꺾다, 부러뜨리다	破る	깨다, 어기다
枯れる	(식물이) 마르다, 시들다	壊れる	부서지다, 깨지다
期待	기대	約束	약속
予定	예정	はらはら	아슬아슬, 조마조마
うっかり	무심히, 깜박	どきどき	두근두근
サイン	사인	ルール	룰, 규칙(圆 規則・決まり)
うらやましい	부럽다	悔しい	분하다

恥ずかしい	부끄럽다	懐かしい	그립다
現金	현금	値段	값, 가격
価値	가치	代金	대금
きびしい	엄하다	細かい	잘다, 미세하다
詳しい	자세하다	しつこい	끈덕지다, 집요하다
機械的	기계적	積極的	적극적
間接的	간접적	自動的	자동적
半々	반반	部分	부분
反対	반대	空	빔, 허공
活動	활동	行き先	행선지, 목적지
経由	경유		

2011-1회

首都	수도	地球	지구
遅れる	늦다	壊れる	부서지다, 깨지다
倒れる	쓰러지다, 자빠지다	汚れる	더러워지다
協力	협력	努力	노력
応募	응모	疑問	의문
発表	발표	単語	단어
敬語	경어	解決	해결
案内	안내	室内	실내
家内	아내	健康	건강
気温	기온	痛い	아프다
大量	대량	多量	다량
不満	불만	関心	관심
目標	목표	我慢	참음, 자제
ぶらぶら	어슬렁어슬렁	ぐらぐら	흔들흔들
がらがら	텅텅 비어 있는 모양	ばらばら	따로따로, 뿔뿔이
申込書	신청서	証明書	증명서
領収書	영수증	参考書	참고서

複雑 (ふくざつ)	복잡함	意外 (いがい)	의외
重大 (じゅうだい)	중대함	正常 (せいじょう)	정상
～産 (さん)	～산(지역, 나라)	～製 (せい)	～제(지역, 나라)
～作 (さく)	～작(만듦)	～品 (ひん)	～품(물건)
インタビュー	인터뷰	スピーチ	스피치
メッセージ	메시지	コミュニケーション	커뮤니케이션
主張 (しゅちょう)	주장	命令 (めいれい)	명령
返信 (へんしん)	답장	注文 (ちゅうもん)	주문
からから	(목이) 바싹 마른 모양	ぺらぺら	술술(외국어를 능숙하게 말하는 모양)
ふらふら	비틀비틀	ぺこぺこ	(배가) 고픈 모양
ためる	(돈, 재산을) 모으다	乗せる (の)	태우다, 싣다
載せる (の)	기재하다	重ねる (かさ)	포개다, 쌓다
加える (くわ)	더하다, 가하다, 보태다	転ぶ (ころ)	넘어지다, 구르다
植える (う)	심다	見送る (みおく)	배웅하다
合わせる (あ)	맞추다, 합치다	正直だ (しょうじき)	정직하다
文句 (もんく)	불평	指示 (しじ)	지시
影響 (えいきょう)	영향	カーブ	커브
病気にかかる (びょうき)	병에 걸리다	清潔だ (せいけつ)	청결하다
さっそく	즉시	しっかり	단단히, 꼭, 똑똑히
出張 (しゅっちょう)	출장	前後 (ぜんご)	전후
両替 (りょうがえ)	환전		

2011-2회

過去 (かこ)	과거	到着 (とうちゃく)	도착
価格 (かかく)	가격	情報 (じょうほう)	정보
重い (おも)	무겁다	深い (ふか)	깊다, 두텁다
強い (つよ)	강하다, 세다	広い (ひろ)	넓다
渡す (わた)	건네다	返す (かえ)	되돌리다, 돌려주다
貸す (か)	빌려주다	戻す (もど)	되돌리다
裏面 (うらめん)	뒷면	表面 (ひょうめん)	표면

影響	영향	正面	정면
現在	현재	自由	자유
法律	법률	観光	관광
～券	～권, ～표	涙	눈물
波	파도	汗	땀
かかる	걸리다	当たる	맞다, 적중하다
入る	들어가다	折る	접다, 꺾다, 부러뜨리다
上品だ	고상하다, 품위가 있다	派手だ	화려하다
安全だ	안전하다	清潔だ	청결하다
重ねる	쌓아 올리다, 겹치다	加える	더하다, 가하다
増やす	늘리다	合わせる	맞추다, (마음을) 합치다
出席	출석	出国	출국
感想	감상	希望	희망
冗談	농담	せっかく	모처럼, 애써
もうすぐ	곧	なるべく	되도록, 가능한 한
さっそく	즉시	コース	코스
スピード	스피드	ブレーキ	브레이크
カーブ	커브	貯金	저금
会計	회계	借金	빌린 돈
両替	환전	上下	상하
大小	대소(크고 작음)	多少	다소(많고 적음)
前後	전후	効果	효과
制限	제한	結果	결과
しっかり	단단히, 똑똑히, 튼튼히	はっきり	똑똑히, 확실히, 분명히
うっかり	무심코, 깜박	ぐっすり	푹(깊이 잠든 모양)
断る	거절하다	緩い	느슨하다, 무르다
性格	성격	受け入れる	받아들이다
そろそろ	슬슬		

일본어	뜻	일본어	뜻
包む	싸다, 포장하다	得意	잘함, 능숙함
発見	발견	努力	노력
示す	가리키다, 보이다, 나타내다	増やす	늘리다
動かす	움직이다, 옮기다	表す	나타내다, 표현하다
通学	통학	通勤	통근
通信	통신	通訳	통역
岩	바위	砂	모래
波	파도	件	건, 사항
正常	정상	血液	혈액
意識	의식	血圧	혈압
追う	쫓다, 뒤따르다	送る	보내다
押す	누르다, 밀다	折る	접다, 꺾다, 부러뜨리다
降りる	(탈것에서) 내리다	移る	옮기다, 이동하다
降る	(비, 눈 등이) 내리다	身長	신장, 키
背中	등	物語	이야기
カタログ	카탈로그	オーダー	주문
レシート	영수증	セール	세일
感じ	느낌	関心	관심
気分	기분	考え	생각
家賃	집세	価格	가격
代金	대금	会費	회비
～にしまう	치우다, 안에 넣다	閉じる	① (눈을) 감다 ② (책을) 덮다
畳む	① 접다, 개다 ② (마음 속에) 간직하다	しばる	묶다
囲む	둘러싸다, 에워싸다	最多	최다
最新	최신	最大	최대
最中	한창 때	オーバー	오버
チェックアウト	체크아웃	～沿い	～가
～向き	～에게 적합함	～建て	～층
～込み	～포함	感動	감동

歓迎（かんげい）	환영	応援（おうえん）	응원
がっかり	실망 , 낙담하는 모양	うっかり	깜박
ぴったり	꼭, 딱(맞아 떨어지는 모양)	ぐっすり	푹(깊이 잠든 모양)
新鮮（しんせん）だ	신선하다	立派（りっぱ）だ	훌륭하다
盛（さか）んだ	왕성하다, 번성하다	満足（まんぞく）だ	만족하다
あむ	엮다, 뜨다	落（お）ち着（つ）く	침착하다, 안정되다
はかる	재다	ユーモア	유머
未来（みらい）	미래	そっくりだ	닮다

2010-2회

空席（くうせき）	공석	夫婦（ふうふ）	부부
順番（じゅんばん）	순서	失業（しつぎょう）	실업
戻（もど）す	되돌리다	移（うつ）す	옮기다, 이동하다
返（かえ）す	돌려주다	渡（わた）す	건네주다, 넘겨주다
組（く）む	짜다, 꼬다	踏（ふ）む	밟다
つかむ	잡다, 붙잡다	息（いき）	숨
秋（あき）	가을	あくび	하품
肩（かた）	어깨	苦労（くろう）	고생
成績（せいせき）	성적	楽器（がっき）	악기
学期（がっき）	학기	専門家（せんもんか）	전문가
制服（せいふく）	제복, 교복	内側（うちがわ）	안쪽
過（すご）す	보내다, 지내다	暮（くら）す	살다, 생활하다
早（はや）めに	빨리, 일찌감치	急（きゅう）に	갑자기
盛（さか）んに	왕성히	泡（あわ）	거품
泥（どろ）	진흙	しみ	얼룩, 기미
きず	상처, 흠	ノック	노크
半日（はんにち）	반나절	翌週（よくしゅう）	다음 주
月末（げつまつ）	월말	年中（ねんじゅう）	연중
扱（あつか）い	취급, 대우	応用（おうよう）	응용
愛用（あいよう）	애용	捨（す）て	버림

全～	전~, 모든~	毎～	매~
両～	양~, 두~	各～	각~
希望	희망	用意	준비, 대비
決心	결심	想像	상상
迷う	망설이다, (길을) 헤매다	祈る	빌다, 기원하다, 바라다
願う	원하다, 바라다	疑う	의심하다
しばらく	잠시	いつか	언젠가
いつの間にか	어느샌가	久しぶりに	오랜만에
体力	체력	努力	노력
協力	협력	実力	실력
どきどき	두근두근	ぐらぐら	흔들흔들
うろうろ	어슬렁어슬렁(한 곳)	回収	회수
区切る	단락 짓다, 구획 짓다	修理	수리
なだらかだ	원만하다, 원활하다	まずしい	가난하다

02 기출 유의표현

2015-1회

次第に	점차	≒	少しずつ	조금씩
手段	수단	≒	やり方	방법
全て	모두, 전부	≒	全部	전부
黙る	입을 다물다, 말을 하지 않다	≒	何も言わずに	아무것도 말하지 않고
配達	배달	≒	届ける	배달하다

2015-2회

得意	잘함	≒	上手にできる	능숙하게 할 수 있다
短気	성미가 급함	≒	すぐ怒る	금방 화를 낸다
疑っている	의심하고 있다	≒	本当ではないかと思っている 진짜가 아닐 것으로 생각하고 있다	

機会 기회 ≒ チャンス 찬스, 기회

相変わらず 변함없이 ≒ 前と同じで 전과 마찬가지로

2014-1회

おかしな 우스운, 이상한 ≒ へんな 이상한

慌てる 당황하다, 허둥대다 ≒ 急ぐ 서두르다, 허둥대다

カーブ 커브 ≒ 曲がる 굽다

さっき 방금 ≒ 少し前 조금 전

経つ (시간이) 지나다 ≒ 過ぎる 지나다

2014-2회

案 안, 방안 ≒ アイディア 아이디어, 생각

きつい 심하다 ≒ 大変だ 심하다, 헐렁하지 않다

くたびれる 녹초가 되다 ≒ つかれる 피곤하다

指導 지도 ≒ 教えている 가르치고 있다

約 약 ≒ だいたい 대략

2013-1회

サイズ 사이즈 ≒ おおきさ 크기

注文する 주문하다 ≒ たのむ 부탁하다

確かめる 확인하다 ≒ チェックする 확인하다

このごろ 요즘 ≒ 最近 최근

しゃべる 수다를 떨다, 이야기하다 ≒ 話す 이야기하다

2013-2회

位置 위치	≒	場所 장소
売り切れ 품절	≒	全て売れる 전부 팔리다
キッチン 키친, 부엌	≒	台所 부엌
回収 회수	≒	集める 모으다
わけ 이유	≒	理由 이유

2012-1회

気に入る 마음에 들다	≒	好きだ 좋아하다
共通点 공통점	≒	同じところ 같은 점
整理する 정리하다	≒	片づける 정리하다
絶対に 절대로	≒	必ず 반드시
ないしょにして 비밀로 해서	≒	だれにも話さないで 누구에게도 이야기하지 말고

2012-2회

諦める 포기하다	≒	やめようとする 그만두려고 하다
奪う 빼앗다	≒	取る 취하다, 주의를 끌다
そっと 살짝, 가만히, 몰래	≒	静かに 조용히
年間 연간, 한 해 동안	≒	いつも 언제나
眩しい 눈부시다	≒	明るすぎる 너무 밝다

2011-1회

恐ろしい 무섭다, 두렵다	≒	怖い 두렵다, 무섭다
通勤 통근	≒	仕事に行く 일하러 가다
減る 줄다	≒	少なくなる 적어지다, 줄어들다
やり直す 다시 하다	≒	もう一度する 다시 한 번 하다
わけ 의미	≒	理由 이유

欠点 결점	≒	悪いところ 나쁜 점
さっき 조금 전에, 아까	≒	少し前に 조금 전에
スケジュール 스케줄	≒	予定 예정
翌年 내년	≒	次の年 이듬해
楽だ 편하다	≒	簡単だ 간단하다, 편하다

明ける (기간이) 끝나다	≒	おわる 끝나다
きつい 힘들다, 느슨하지 않다	≒	大変だ 힘들다
くたびれる 녹초가 되다	≒	つかれる 피곤하다
(店が)混雑だ (가게가) 혼잡하다	≒	客がたくさんいる 손님이 많이 있다
単純だ 단순하다	≒	分かりやすい 이해하기 쉽다

覚える 외우다	≒	暗記する 암기하다
きまり 결정, 규칙	≒	規則 규칙
たまる 쌓이다	≒	残る 남다
短気 성미가 급함	≒	すぐ怒る 금방 화를 낸다
孫 손자	≒	娘の息子 딸의 아들

❄ JLPT 완벽 대비 ❄

✻ 문자편

➜ 정답은 p.074에

01　헷갈리기 쉬운 한자

加 가　　加速 ^{かそく} 가속　参加 ^{さんか} 참가　加入 ^{かにゅう} 가입　加える ^{くわ} 더하다

仮 가　　仮定 ^{かてい} 가정　仮説 ^{かせつ} 가설

価 가　　価値 ^{かち} 가치　価格 ^{かかく} 가격　価額 ^{かがく} 가격　物価 ^{ぶっか} 물가

可 가　　可能 ^{かのう} 가능　許可 ^{きょか} 허가

Q1　① 참가 ＿さんか＿ （参加） 参仮　参可　　② 가치 ＿＿＿＿ 可値　仮値　価値
　　　③ 가능 ＿＿＿＿ 加能　価能　可能　　④ 가격 ＿＿＿＿ 加格　価格　可格

刊 간　　週刊誌 ^{しゅうかん し} 주간지　朝刊 ^{ちょうかん} 조간　発刊 ^{はっかん} 발간　夕刊 ^{ゆうかん} 석간

形 형　　形 ^{かたち} 모양, 형상　形式 ^{けいしき} 형식　図形 ^{ずけい} 도형　地形 ^{ちけい} 지형

Q2　① 모양 ＿＿＿＿ 形　刊　　② 주간지 ＿＿＿＿ 週形誌　週刊誌
　　　③ 발간 ＿＿＿＿ 発形　発刊

建 건　　建物 ^{たてもの} 건물　建設 ^{けんせつ} 건설　建築 ^{けんちく} 건축　建てる ^た 세우다

健 건　　健康 ^{けんこう} 건강　健全 ^{けんぜん} 건전함

件 건　　事件 ^{じけん} 사건　条件 ^{じょうけん} 조건　用件 ^{ようけん} 용건

Q3　① 건축 ＿＿＿＿ 建築　健築　　② 건강 ＿＿＿＿ 建康　健康
　　　③ 조건 ＿＿＿＿ 条健　条件　　④ 용건 ＿＿＿＿ 用件　用保

結 결　　結婚 ^{けっこん} 결혼　結論 ^{けつろん} 결론　結局 ^{けっきょく} 결국　結果 ^{けっか} 결과　結ぶ ^{むす} 묶다

続 속　　続出 ^{ぞくしゅつ} 속출　連続 ^{れんぞく} 연속　続く ^{つづ} 계속되다

Q4　① 결론 ＿＿＿＿ 続論　結論　　② 연속 ＿＿＿＿ 連続　連結
　　　③ 계속되다 ＿＿＿＿ 続く　結く　　④ 묶다 ＿＿＿＿ 続ぶ　結ぶ

競 경	**競**争 경쟁	**競**技 경기	**競**う 경쟁하다	
境 경	環**境** 환경	**境**界 경계	心**境** 심경	

Q5
① 경쟁 __________ 競争　境争　　② 환경 __________ 環境　環競
③ 심경 __________ 心競　心境　　④ 경쟁하다 __________ 境う　競う

係 계	関**係** 관계	**係**り 담당	**係**員 담당자
系 계	**系**統 계통	**系**列 계열	

Q6
① 관계 __________ 関系　関係　　② 계통 __________ 系統　係統

季 계	**季**節 계절	四**季** 사계	雨**季** 우기
委 위	**委**託 위탁	**委**任 위임	**委**員 위원

Q7
① 계절 __________ 委節　季節　　② 위탁 __________ 委託　季託

古 고	**古**代 고대	**古**典 고전	中**古** 중고
固 고	**固**定 고정	**固**有 고유	頑**固** 완고
故 고	**故**障 고장	**故**人 고인	事**故** 사고

Q8
① 중고 __________ 中古　固古　　② 고정 __________ 古定　固定
③ 고장 __________ 故障　古障

考 고	**考**案 고안　**考**慮 고려　参**考** 참고　選**考** 입시 전형
	思**考** 사고　**考**える 생각하다

高 고	**高**価 고가　最**高** 최고　**高**い 높다, 비싸다
苦 고	**苦**痛 고통　**苦**労 고생　**苦**情 불평, 불만
	苦しい 힘들다, 괴롭다　**苦**い 쓰다

Q9
① 고안 __________ 考案　高案　　② 최고 __________ 最考　最高
③ 입시 전형 __________ 選苦　選考　　④ 고가 __________ 高価　苦価

共 공	**共**感 공감　**共**存 공존　**共**通 공통　**共**同 공동　公**共** 공공
供 공	提**供** 제공　**供**給 공급(↔ 需要 수요)　*子**供** 어린이

Q10
① 제공 __________ 提共　提供　　② 공동 __________ 共同　供同
③ 공공 __________ 公共　公供

功 공	こうせき 功績 공적	せいこう 成功 성공			
攻 공	こうげき 攻撃 공격	こうりゃく 攻略 공략	せんこう 専攻 전공	攻める 공격하다	*せ 責める 책망하다

Q11　① 성공 ________　成功　成攻　　② 공략 ________　攻略　功略

　　　③ 전공 ________　専功　専攻

果 과	けっか 結果 결과	こうか 効果 효과	せいか 成果 성과	くだもの *果物 과일
課 과	かだい 課題 과제	かちょう 課長 과장	にっか 日課 일과	

Q12　① 결과 ________　結果　結課　　② 과일 ________　果物　課物

　　　③ 일과 ________　日果　日課　　④ 과제 ________　果題　課題

求 구	きゅうじん 求人 구인	ようきゅう 要求 요구	せいきゅう 請求 청구	もと 求める 요구하다
救 구	きゅうじょ 救助 구조	きゅうきゅうしゃ 救急車 구급차	すく 救う 구하다	
球 구	やきゅう 野球 야구	ちきゅう 地球 지구	でんきゅう 電球 전구	
究 구	けんきゅう 研究 연구	たんきゅう 探究 탐구		

Q13　① 구조 ________　救助　究助　　② 연구 ________　研救　研究

　　　③ 지구 ________　地究　地球　　④ 전구 ________　電球　電求

　　　⑤ 청구 ________　請究　請求

勧 권	かんゆう 勧誘 권유	すす お勧め 추천	すす 勧める 권하다
観 관	かんこう 観光 관광	かんさつ 観察 관찰	
歓 환	かんげい 歓迎 환영	かんせい 歓声 환성	

Q14　① 추천 ________　お勧め　お歓め　　② 관광 ________　観光　歓光

　　　③ 환영 ________　観迎　歓迎

緑 녹	りょくちゃ 緑茶 녹차	しんりょく 新緑 신록	みどり 緑 녹색		
録 녹	ろくおん 録音 녹음	ろくが 録画 녹화	きろく 記録 기록	とうろく 登録 등록	ふろく 付録 부록

Q15　① 신록 ________　新緑　新録　　② 등록 ________　登緑　登録

　　　③ 녹음 ________　緑音　録音

| 農 농 | 農業 농업 | 農村 농촌 | | |
| 濃 농 | 濃度 농도 | 濃厚 농후 | 濃い (색, 농도가) 진하다 | |

Q16 ① 농업 _________ 農業　濃業　　　② (색, 농도가) 진하다 _________ 農い　濃い

貸 대	賃貸 임대	貸す 빌려주다	貸しビル 임대 빌딩	
資 자	資格 자격	資本 자본	資料 자료	資源 자원
賃 임	運賃 운임	家賃 방세	賃上げ 임금 인상	

Q17 ① 자격 _________ 資格　賃格　貸格　　　② 운임 _________ 運資　運賃　運貸

③ 자원 _________ 賃源　貸源　資源　　　④ 빌려주다 _________ 貸す　賃す　資す

| 到 도 | 到着 도착 | 着く 도착하다 | | |
| 倒 도 | 倒産 도산 | 面倒だ 귀찮다 | 倒れる 넘어지다, 도산하다 | 倒す 넘어뜨리다 |

Q18 ① 도착 _________ 倒着　到着　　　② 귀찮다 _________ 面倒だ　面到だ

③ 넘어지다 _________ 到れる　倒れる

度 도	今度 이번	一度 한 번	程度 정도	毎度 매번	～の度に ~할 때마다
	支度 (외출, 식사) 준비				
席 석	欠席 결석	出席 출석	空席 공석	満席 만석	

Q19 ① 이번 _________ 今度　今席　　　② 출석 _________ 出度　出席

③ 결석 _________ 欠度　欠席

| 戻 려 | 戻す (원래 자리, 상태로) 돌려놓다 | 戻る 돌아가다 |
| 涙 루 | 涙 눈물 | |

Q20 ① (원래 자리, 상태로) 돌려놓다 _________ 戻す　涙す

② 눈물 _________ 涙　戻

| 末 말 | 週末 주말 | 末 끝 | 末っ子 막내 |
| 未 미 | 未婚 미혼 | 未完成 미완성 | |

Q21 ① 미완성 _________ 未完成　末完成　　　② 주말 _________ 週未　週末

| 眠 면 | 睡眠 수면 | 眠い 졸리다 | 眠気 졸음 | 眠る 자다 (㊌寝る) |
| 眼 안 | 眼科 안과 | 眼鏡 안경 | | |

Q22
① 자다 ________ 眠る　眼る　　② 안과 ________ 眠科　眼科
③ 안경 ________ 眼鏡　眠鏡　　④ 졸리다 ________ 眠い　眼い

| 募 모 | 募金 모금 | 募集 모집 | 応募 응모 |
| 暮 모 | 暮れる 저물다 | 夕暮れ 해질녘 | 暮らす 생활하다 |

Q23
① 모금 ________ 募金　暮金　　② 해 질 녘 ________ 夕募れ　夕暮れ
③ 생활하다 ________ 暮らす　募らす　　④ 응모 ________ 応暮　応募

| 泊 박 | 宿泊 숙박 | 泊まる 묵다, 정박하다 |
| 拍 박 | 拍手 박수 | |

Q24
① 숙박 ________ 宿泊　宿拍　　② 박수 ________ 泊手　拍手

| 服 복 | 服装 복장 | 服用 복용 | 制服 제복 (㊌ユニフォーム) | 衣服 의복 | 征服 정복 |
| 腹 복 | 腹筋 복근 | 腹痛 복통 | 腹一杯 배 가득히 | | |

Q25
① 정복 ________ 征腹　征服　　② 복통 ________ 腹痛　服痛
③ 제복 ________ 制服　制腹　　④ 복용 ________ 服用　腹用

| 仕 사 | 仕事 일 | 仕上がる 완성되다 (㊌完成する, できあがる) | |
| 任 임 | 任務 임무 | 責任 책임 | 任せる (역할, 임무를) 맡기다 (㊌預ける) |

Q26
① 임무 ________ 仕務　任務　　② 책임 ________ 責仕　責任
③ (역할, 임무를) 맡기다 ________ 任せる　仕せる
④ 완성하다 ________ 仕上げる　任上げる

相 상	相互 상호 (㊌お互い 서로)	相続 상속	相談 상담	相手 상대
	相変わらず 여전히, 변함없이			
想 상	想像 상상	理想 이상	予想 예상	発想 발상	感想 감상

Q27
① 상상 ________ 想像　相想　　② 예상 ________ 予相　予想
③ 상호 ________ 相互　想互　　④ 감상 ________ 感想　感相

紹 소	<ruby>紹<rt>しょうかい</rt></ruby>介 소개			
招 초	<ruby>招<rt>しょうたい</rt></ruby>待 초대	<ruby>招<rt>まね</rt></ruby>く 초대하다		
超 초	<ruby>超<rt>ちょうか</rt></ruby>過 초과	<ruby>超<rt>こ</rt></ruby>える 넘다		

Q28   ① 초대 _________ 招待　紹待   ② 소개 _________ 招介　紹介

         ③ 초과 _________ 超過　招過

施 시	<ruby>施<rt>しせつ</rt></ruby>設 시설	実<ruby>施<rt>じっし</rt></ruby> 실시	<ruby>施<rt>しこう</rt></ruby>行 시행	
旅 여	<ruby>旅<rt>りょこう</rt></ruby>行 여행	<ruby>旅<rt>りょかん</rt></ruby>館 여관	<ruby>旅<rt>りょひ</rt></ruby>費 여비	<ruby>旅<rt>たび</rt></ruby> 여행

Q29   ① 시설 _________ 旅設　施設   ② 여관 _________ 旅館　施館

         ③ 여행 _________ 旅行　施行   ④ 시행 _________ 旅行　施行

識 식	知<ruby>識<rt>ちしき</rt></ruby> 지식	認<ruby>識<rt>にんしき</rt></ruby> 인식	意<ruby>識<rt>いしき</rt></ruby> 의식	常<ruby>識<rt>じょうしき</rt></ruby> 상식
職 직	就<ruby>職<rt>しゅうしょく</rt></ruby> 취직	<ruby>職<rt>しょくぎょう</rt></ruby>業 직업		

Q30   ① 지식 _________ 知識　知職   ② 취직 _________ 就識　就職

         ③ 인식 _________ 認職　認識   ④ 직업 _________ 識業　職業

楽 악/락	音<ruby>楽<rt>おんがく</rt></ruby> 음악	<ruby>楽<rt>がっき</rt></ruby>器 악기	<ruby>楽<rt>らくてんてき</rt></ruby>天的 낙천적	<ruby>楽<rt>たの</rt></ruby>しむ 즐기다	<ruby>楽<rt>たの</rt></ruby>しい 즐겁다
薬 약	<ruby>薬<rt>やくひん</rt></ruby>品 약품	毒<ruby>薬<rt>どくやく</rt></ruby> 독약	農<ruby>薬<rt>のうやく</rt></ruby> 농약		

Q31   ① 악기 _________ 楽器　薬器   ② 농약 _________ 農楽　農薬

原 원	<ruby>原<rt>げんいん</rt></ruby>因 원인	<ruby>原<rt>げんさんち</rt></ruby>産地 원산지	<ruby>原<rt>げんりょう</rt></ruby>料 원료
源 원	資<ruby>源<rt>しげん</rt></ruby> 자원		

Q32   ① 원인 _________ 源因　原因   ② 자원 _________ 資源　資原

容 용	内<ruby>容<rt>ないよう</rt></ruby> 내용	<ruby>容<rt>ようき</rt></ruby>器 용기	<ruby>容<rt>ようい</rt></ruby>易だ 용이하다, 쉽다
溶 용	<ruby>溶<rt>と</rt></ruby>ける 녹다		

Q33   ① 용기 _________ 溶器　容器   ② 내용 _________ 内容　内溶

| 周 위 | 周囲 주위 | 周辺 주변 | この周り 이 주변 | |
| 週 주 | 週間 주간 | 翌週 다음 주(㊒次の週) | 週末 주말 | |

Q34 ① 주위 ________ 周囲　週囲　　② 주간 ________ 週間　周間

| 義 의 | 義務 의무 | 定義 정의 | 講義 강의 | 個人主義 개인주의 |
| 議 의 | 会議 회의 | 議論 논의 | 不思議だ 신기하다 | |

Q35 ① 신기하다 ________ 不思議だ　不思議だ　　② 의무 ________ 義務　議務

③ 회의 ________ 会義　会議

| 以 이 | 以来 이래 | 以降 이후 | 以後 이후 | |
| 似 사 | 似る 닮다 | 似合う 어울리다 | | |

Q36 ① 닮다 ________ 以る　似る　　② 이후 ________ 以降　似降

| 制 제 | 制服 제복 | 制限 제한 | | |
| 製 제 | ～製 ~제 | 製品 제품 | 製造 제조 | 複製 복제 |

Q37 ① 제복 ________ 制服　製服　　② 제품 ________ 制品　製品

③ 복제 ________ 複制　複製　　④ 제한 ________ 制限　製限

主 주	主人 남편	主義 주의	主張 주장	主要 주요(함)	主な 주된	主に 주로
住 주	住民 주민	住宅 주택	住む 살다			
注 주	注射 주사	注目 주목	注意する 주의하다(㊒気をつける)			
駐 주	駐車場 주차장					

Q38 ① 주의 ________ 注意　主意　駐意　　② 주장 ________ 主張　注張　住張

③ 주거 ________ 住宅　駐宅　主宅　　④ 주된 ________ 主な　住な　注な

| 支 지 | 支店 지점 | 支援 지원 | 支給 지급 | 支える 지지하다 |
| 技 기 | 技術 기술 | 競技 경기 | *枝 나뭇가지 | |

Q39 ① 지점 ________ 支店　技店　　② 기술 ________ 技術　支術

③ 경기 ________ 競技　競支　　④ 나뭇가지 ________ 技　枝

持 지	支持 지지	維持 유지	持つ 가지다	受け持つ 맡다, 담당하다
	持ち上げる 들어 올리다			
待 대	待遇 대우	待機 대기	期待 기대	待つ 기다리다　待ち合わせる 약속해서 만나다
特 특	特徴 특징	特定 특정	特急 특급	

Q40　① 기대 _________　期待　期特　　　② 담당하다 _________　受け持つ　受け特つ

　　　　③ 특징 _________　特徴　待徴　　　④ 특급 _________　特急　待急

直 직	直接 직접	直す 고치다	直る 낫다	* 正直 정직
置 치	設置 설치	置く 두다		
値 치	価値 가치	* 値段 가격		
植 식	植物 식물	植える 식물을 심다		

Q41　① 직접 _________　直接　植接　　　② 설치 _________　設値　設置

　　　　③ 가격 _________　値段　置段　　　④ 식물 _________　植物　値物

　　　　⑤ 식물을 심다 _________　植える　直える　　　⑥ 두다 _________　置く　植く

| 札 찰 | 改札口 개찰구 | 札束 돈다발 | 札 표, 팻말 | 番号札 번호표　名札 명찰(* 名刺 명함) |
| 礼 례 | 失礼 실례 | 無礼 무례 | 礼儀 예의범절 | お礼 감사 인사, 감사 선물 |

Q42　① 개찰구 _________　改札口　改礼口　　　② 실례 _________　失札　失礼

　　　　③ 명찰 _________　名礼　名札

追 추	追加 추가	追跡 추적	追う 뒤쫓다	追いかける 쫓아가다
	追い越す 추월하다			
迫 박	迫る 다가오다, 직면하다(유 近づく)			

Q43　① 추가 _________　追加　追加　　　② 다가오다 _________　迫る　追る

| 探 탐 | 探知 탐지 | 探査 탐사 | 探す 찾다 |
| 深 심 | 深夜 심야 | 深刻 심각 | 深い 깊다 |

Q44　① 탐지 _________　探知　深知　　　②깊다 _________　探い　深い

　　　　③ 심야 _________　深夜　探夜

版 판	改訂版 개정판	出版 출판	初版 초판
販 판	販売 판매	通販 통판	*失敗 실패

Q45 ① 출판 ________ 出版　出板　出阪　　② 실패 ________ 失敗　失販　失阪

疲 피	疲労 피로	疲れる 피곤하다(圖 くたびれる)	
渡 도	譲渡 양도(圖 ゆずる)	渡る (도로, 강, 다리를) 건너다	渡す (물건을) 건네다

Q46 ① 피곤하다 ________ 疲れる　渡れる　　② 고생 ________ 苦労　苦渡

③ (도로, 강, 다리) 건너다 ________ 疲る　渡る

険 험	危険 위험	保険 보험	険しい 험하다, 가파르다, 험상궂다
験 험	試験 시험	実験 실험	経験 경험
検 검	検診 검진	検査 검사	検討 검토

Q47 ① 보험 ________ 保険　保検　　② 검사 ________ 検査　険査

02　발음이 두 개 이상인 한자

代	だい	代金 대금	代理 대리	
	たい	交代 교대		
下	か	地下 지하		
	げ	下車 하차	下品 품위가 없음	
	へ	下手だ 서투르다		
画	が	映画 영화	画面 화면	
	かく	計画 계획	企画 기획	
	かつ	画期的 획기적		
外	そと	外 바깥(↔ 内 안)		
	がい	外貨 외화	外食 외식	海外 해외
	げ	外科 외과		

間	かん	<ruby>空間<rt>くうかん</rt></ruby> 공간			
	けん	<ruby>世間<rt>せけん</rt></ruby> 세간			
	げん	<ruby>人間<rt>にんげん</rt></ruby> 인간			
	ま	<ruby>合間<rt>あいま</rt></ruby> 짬	<ruby>仲間<rt>なかま</rt></ruby> 동료		
形	けい	<ruby>形成<rt>けいせい</rt></ruby> 형성	<ruby>形式<rt>けいしき</rt></ruby> 형식		
	ぎょう	<ruby>人形<rt>にんぎょう</rt></ruby> 인형			
言	げん	<ruby>言語<rt>げんご</rt></ruby> 언어			
	ごん	<ruby>伝言<rt>でんごん</rt></ruby> 전언(남기는 말)			
	こと	<ruby>言葉<rt>ことば</rt></ruby> 말, 언어			
行	こう	<ruby>行動<rt>こうどう</rt></ruby> 행동	<ruby>流行<rt>りゅうこう</rt></ruby> 유행		
	ぎょう	<ruby>行事<rt>ぎょうじ</rt></ruby> 행사	<ruby>行列<rt>ぎょうれつ</rt></ruby> 행렬		
合	ごう	<ruby>合格<rt>ごうかく</rt></ruby> 합격	<ruby>都合<rt>つごう</rt></ruby> 상황, 시간상 여건		
	あい	<ruby>試合<rt>しあい</rt></ruby> 시합	<ruby>合図<rt>あいず</rt></ruby> 신호(유 <ruby>信号<rt>しんごう</rt></ruby>)	<ruby>合間<rt>あいま</rt></ruby> 짬, 여유	
	あ(う)	<ruby>合う<rt>あ</rt></ruby> 맞다	<ruby>知<rt>し</rt></ruby>り<ruby>合<rt>あ</rt></ruby>い 아는 사람, 지인(유 <ruby>知人<rt>ちじん</rt></ruby>)		
作	さく	<ruby>作文<rt>さくぶん</rt></ruby> 작문	<ruby>作者<rt>さくしゃ</rt></ruby> 작가		
	さ	<ruby>作業<rt>さぎょう</rt></ruby> 작업	<ruby>作用<rt>さよう</rt></ruby> 작용	<ruby>動作<rt>どうさ</rt></ruby> 동작	
留	りゅう	<ruby>留学<rt>りゅうがく</rt></ruby> 유학			
	る	<ruby>留守<rt>るす</rt></ruby> 부재			
世	せ	<ruby>世界<rt>せかい</rt></ruby> 세상	<ruby>世間<rt>せけん</rt></ruby> 세간	<ruby>世代<rt>せだい</rt></ruby> 세대	<ruby>世話<rt>せわ</rt></ruby> 신세
	せい	<ruby>世紀<rt>せいき</rt></ruby> 세기			
性	しょう	<ruby>相性<rt>あいしょう</rt></ruby> 궁합			
	せい	<ruby>男性<rt>だんせい</rt></ruby> 남성	<ruby>女性<rt>じょせい</rt></ruby> 여성	<ruby>異性<rt>いせい</rt></ruby> 이성	
然	ぜん	<ruby>自然<rt>しぜん</rt></ruby> 자연	<ruby>全然<rt>ぜんぜん</rt></ruby> 전혀	<ruby>当然<rt>とうぜん</rt></ruby> 당연함	
	ねん	<ruby>天然<rt>てんねん</rt></ruby> 천연			
団	だん	<ruby>団体<rt>だんたい</rt></ruby> 단체			
	とん	<ruby>布団<rt>ふとん</rt></ruby> 이불			
登	とう	<ruby>登録<rt>とうろく</rt></ruby> 등록	<ruby>登校<rt>とうこう</rt></ruby> 등교		
	と	<ruby>登山<rt>とざん</rt></ruby> 등산			
	のぼ(る)	<ruby>登<rt>のぼ</rt></ruby>る (산에) 오르다			

日	じつ	祝日 경축일	先日 지난날	当日 당일	平日 평일
		翌日 이튿날	連日 연일		
	にち	日夜 하루 종일			
発	はっ	発達 발달	発表 발표	発見 발견	
	ぱつ	出発 출발	活発 활발		
由	ゆう	自由 자유	理由 이유		
	ゆ	経由 경유			

03 한 글자인 한자어

間(あいだ)	사이	秋(あき)	가을	朝(あさ)	아침
味(あじ)	맛	汗(あせ)	땀	頭(あたま)	머리
跡(あと)	발자국	穴(あな)	구멍	油(あぶら)	기름
泡(あわ)	거품	案(あん)	안, 방안	胃(い)	위
息(いき)	숨	池(いけ)	연못	石(いし)	돌
泉(いずみ)	샘물	糸(いと)	실	命(いのち)	생명
色(いろ)	색	岩(いわ)	돌, 암석	後(うし)ろ	뒤
嘘(うそ)	거짓말	内(うち)	안	腕(うで)	팔
馬(うま)	말	裏(うら)	뒤, 뒷면	絵(え)	그림
駅(えき)	역	枝(えだ)	가지	奥(おく)	구석
夫(おっと)	남편	表(おもて)	앞면	親(おや)	부모
階(かい)	층	貝(かい)	조개	顔(かお)	얼굴
鏡(かがみ)	거울	係(かかり)	담당	数(かず)	수
肩(かた)	어깨	形(かたち)	모양, 형태	角(かど)	모퉁이
壁(かべ)	벽	神(かみ)	신	紙(かみ)	종이
体(からだ)	몸	皮(かわ)	껍질, 가죽	傷(きず)	상처
曲(きょく)	노래, 곡	草(くさ)	풀	薬(くすり)	약
首(くび)	목	雲(くも)	구름	件(けん)	건
券(けん)	~권	声(こえ)	목소리	心(こころ)	마음

腰(こし) 허리	米(こめ) 쌀	坂(さか) 경사
先(さき) 먼저	札(さつ) 지폐	下(した) 아래
品(しな) 물건	島(しま) 섬	職(しょく) 직업
砂(すな) 모래	背(せ) 키	席(せき) 자리
外(そと) 밖	棚(たな) 선반	谷(たに) 골짜기
種(たね) 씨앗	力(ちから) 힘	茶(ちゃ) 차
月(つき) 달, 월	土(つち) 흙	妻(つま) 아내
寺(てら) 절	隣(となり) 옆	鳥(とり) 새
泥(どろ) 진흙	夏(なつ) 여름	波(なみ) 파도
涙(なみだ) 눈물	匂(におい)い 냄새	庭(にわ) 정원
猫(ねこ) 고양이	熱(ねつ) 열	葉(は) 잎
歯(は) 이, 치아	箱(はこ) 상자	橋(はし) 다리
畑(はたけ) 밭	鼻(はな) 코	幅(はば) 폭
林(はやし) 숲	春(はる) 봄	光(ひかり) 빛
紐(ひも) 끈	表(ひょう) 표	船(ふね) 배
冬(ふゆ) 겨울	法(ほう) 법	星(ほし) 별
骨(ほね) 뼈	孫(まご) 손자	街(まち) 거리
町(まち) 마을	窓(まど) 창문	湖(みずうみ) 호수
道(みち) 길	昔(むかし) 옛날	虫(むし) 벌레
娘(むすめ) 딸	胸(むね) 가슴	村(むら) 마을
森(もり) 숲	床(ゆか) 바닥	指(ゆび) 손가락
夢(ゆめ) 꿈	用(よう) 용무, 볼일	横(よこ) 옆

04 탁음 및 촉음 구별에 자주 나오는 어휘

一生(いっしょう) 평생	受け付け(うけつけ) 접수처	上着(うわぎ) 웃옷, 겉옷
笑顔(えがお) 웃는 얼굴	横断(おうだん) 횡단	大通り(おおどおり) 도로
開館(かいかん) 개관	海岸(かいがん) 해안	解決(かいけつ) 해결
解消(かいしょう) 해소	外食(がいしょく) 외식	階段(かいだん) 계단

拡大(かくだい) 확대	楽器(がっき) 악기	学期(がっき) 학기
活発(かっぱつ) 활발	我慢(がまん) 참음, 인내	科目(かもく) 과목
歓迎(かんげい) 환영	感心(かんしん) 감탄	簡単(かんたん) 간단
感動(かんどう) 감동	看板(かんばん) 간판	器具(きぐ) 기구
帰国(きこく) 귀국	技術(ぎじゅつ) 기술	帰宅(きたく) 귀가
気分(きぶん) 기분	疑問(ぎもん) 의문	金額(きんがく) 금액
具合(ぐあい) 몸 상태	苦情(くじょう) 고충, 불평	具体的(ぐたいてき) 구체적
怪我(けが) 상처	血液(けつえき) 혈액	結果(けっか) 결과
血管(けっかん) 혈관	結局(けっきょく) 결국	決心(けっしん) 결심
欠席(けっせき) 결석	決断(けつだん) 결단	欠点(けってん) 결점, 단점
原因(げんいん) 원인	現在(げんざい) 현재	原産地(げんさんち) 원산지
減少(げんしょう) 감소	現象(げんしょう) 현상	見物(けんぶつ) 구경
減量(げんりょう) 감량	合格(ごうかく) 합격	午前(ごぜん) 오전
小包(こづつみ) 소포	混雑(こんざつ) 혼잡	財産(ざいさん) 재산
最大(さいだい) 최대	材料(ざいりょう) 자료	座席(ざせき) 좌석
雑誌(ざっし) 잡지	残業(ざんぎょう) 잔업, 야근	散歩(さんぽ) 산책
仕組み(しくみ) 구조	資源(しげん) 자원	指示(しじ) 지시
失業(しつぎょう) 실업	実業(じつぎょう) 실업	実験(じっけん) 실험
実績(じっせき) 실적	失敗(しっぱい) 실패	指導(しどう) 지도
地面(じめん) 지면	借金(しゃっきん) 빚	集合(しゅうごう) 집합
集団(しゅうだん) 집단	主義(しゅぎ) 주의	出身(しゅっしん) 출신
出発(しゅっぱつ) 출발	順調(じゅんちょう) 순조로움	順番(じゅんばん) 순번
正午(しょうご) 정오	食器(しょっき) 식기	神社(じんじゃ) 신사
診断(しんだん) 진단	進歩(しんぽ) 진보	頭痛(ずつう) 두통
制限(せいげん) 제한	性別(せいべつ) 성별	絶対(ぜったい) 절대
全額(ぜんがく) 전액	前後(ぜんご) 전후	先日(せんじつ) 지난날
全体(ぜんたい) 전체	宣伝(せんでん) 선전	増加(ぞうか) 증가
大会(たいかい) 대회	代金(だいきん) 대금	大小(だいしょう) 대소
台所(だいどころ) 부엌	単語(たんご) 단어	単純(たんじゅん) 단순
団体(だんたい) 단체	担当(たんとう) 담당	担任(たんにん) 담임

程度(ていど)　정도	伝言(でんごん)　전언(남기는 말)	道具(どうぐ)　도구
動作(どうさ)　동작	導入(どうにゅう)　도입	努力(どりょく)　노력
日記(にっき)　일기	日程(にってい)　일정	人数分(にんずうぶん)　인원수만큼
値段(ねだん)　가격	背後(はいご)　배후	発見(はっけん)　발견
発車(はっしゃ)　발차	発生(はっせい)　발생	発達(はったつ)　발달
発表(はっぴょう)　발표	半額(はんがく)　반액	販売(はんばい)　판매
半分(はんぶん)　반	一晩(ひとばん)　하룻밤	複雑(ふくざつ)　복잡
不思議(ふしぎ)　신기함	物価(ぶっか)　물가	文法 (ぶんぽう)　문법
平日(へいじつ)　평일	貿易(ぼうえき)　무역	募金(ぼきん)　모금
満足(まんぞく)　만족스러움	味方(みかた)　아군	物語(ものがたり)　옛날 이야기
容器(ようき)　용기	用具(ようぐ)　도구	予報(よほう)　예보
話題(わだい)　화제		

05 ▶ 장단음 문제에 자주 나오는 어휘

衣装(いしょう)　의상	一緒(いっしょ)　함께	営業(えいぎょう)　영업
応募(おうぼ)　응모	応用(おうよう)　응용	屋上(おくじょう)　옥상
会議(かいぎ)　회의	過去(かこ)　과거	観光(かんこう)　관광
歓声(かんせい)　환성	感想(かんそう)　감상	乾燥(かんそう)　건조
企業(きぎょう)　기업	貴重(きちょう)　귀중	休日(きゅうじつ)　휴일
救助(きゅうじょ)　구조	給料(きゅうりょう)　급료	競争(きょうそう)　경쟁
兄弟(きょうだい)　형제	興味(きょうみ)　흥미	協力(きょうりょく)　협력
去年(きょねん)　작년	距離(きょり)　거리	近所(きんじょ)　근처
緊張(きんちょう)　긴장	空気(くうき)　공기	空港(くうこう)　공항
空席(くうせき)　공석	工夫(くふう)　궁리, 아이디어, 생각	苦労(くろう)　고생
経営(けいえい)　경영	計画(けいかく)　계획	経由(けいゆ)　경유
景色(けしき)　경치	研究(けんきゅう)　연구	言語(げんご)　언어
原料(げんりょう)　원료	講演(こうえん)　강연	郊外(こうがい)　교외
交換(こうかん)　교환	高級(こうきゅう)　고급	合計(ごうけい)　합계

広告(こうこく) 광고	交際(こうさい) 교제	交代(こうたい) 교대, 교체
交流(こうりゅう) 교류	呼吸(こきゅう) 호흡	故障(こしょう) 고장
個人(こじん) 개인	最後(さいご) 최후	最初(さいしょ) 처음
参考書(さんこうしょ) 참고서	事故(じこ) 사고	事情(じじょう) 사정
指定(してい) 지정	周囲(しゅうい) 주위	重視(じゅうし) 중시
就職(しゅうしょく) 취직	渋滞(じゅうたい) 정체	住宅(じゅうたく) 주택
収入(しゅうにゅう) 수입	重要(じゅうよう) 중요	修理(しゅうり) 수리
首都(しゅと) 수도	趣味(しゅみ) 취미	種類(しゅるい) 종류
常温(じょうおん) 상온	紹介(しょうかい) 소개	乗客(じょうきゃく) 승객
上京(じょうきょう) 상경	上下(じょうげ) 상하	条件(じょうけん) 조건
常識(じょうしき) 상식	症状(しょうじょう) 증상	招待(しょうたい) 초대
冗談(じょうだん) 농담	衝突(しょうとつ) 충돌	商品(しょうひん) 상품
情報(じょうほう) 정보	証明(しょうめい) 증명	正面(しょうめん) 정면
将来(しょうらい) 장래	職業(しょくぎょう) 직업	助手(じょしゅ) 조수
処理(しょり) 처리	資料(しりょう) 자료	人口(じんこう) 인구
慎重(しんちょう) 신중함	親友(しんゆう) 벗, 친구	請求(せいきゅう) 청구
制度(せいど) 제도	製品(せいひん) 제품	正門(せいもん) 정문
世界(せかい) 세상	石油(せきゆ) 석유	選手(せんしゅ) 선수
早退(そうたい) 조퇴	相談(そうだん) 상담	存在(そんざい) 존재
滞在(たいざい) 체재	体重(たいじゅう) 체중	多少(たしょう) 다소
多量(たりょう) 다량	地球(ちきゅう) 지구	注射(ちゅうしゃ) 주사
駐車(ちゅうしゃ) 주차	調子(ちょうし) 몸 상태	頂上(ちょうじょう) 정상
貯金(ちょきん) 저금	提出(ていしゅつ) 제출	倒産(とうさん) 도산, 파산
道路(どうろ) 도로	都市(とし) 도시	途中(とちゅう) 도중
入国(にゅうこく) 입국	農業(のうぎょう) 농업	能力(のうりょく) 능력
秘書(ひしょ) 비서	必要(ひつよう) 필요	表現(ひょうげん) 표현
表情(ひょうじょう) 표정	評判(ひょうばん) 평판	表面(ひょうめん) 표면
疲労(ひろう) 피로	風景(ふうけい) 풍경	夫婦(ふうふ) 부부
複数(ふくすう) 복수	報告(ほうこく) 보고	方法(ほうほう) 방법
訪問(ほうもん) 방문	法律(ほうりつ) 법률	保守(ほしゅ) 보수

募集(ぼしゅう) 모집	命令(めいれい) 명령	文句(もんく) 불평, 트집
夕方(ゆうがた) 저녁	優勝(ゆうしょう) 우승	郵送(ゆうそう) 우송
輸入(ゆにゅう) 수입	用意(ようい) 준비	要求(ようきゅう) 요구
様子(ようす) 모습, 상태	予測(よそく) 예측	予防(よぼう) 예방
余裕(よゆう) 여유	理由(りゆう) 이유	流行(りゅうこう) 유행
利用(りよう) 이용	料金(りょうきん) 요금	旅行(りょこう) 여행

06 발음에 주의해야 하는 어휘

挨拶(あいさつ) 인사	合図(あいず) 신호	相手(あいて) 상대
愛用(あいよう) 애용	空き地(あきち) 공터	足音(あしおと) 발소리
足元(あしもと) 발아래	暗記(あんき) 암기	暗証番号(あんしょうばんごう) 비밀번호
以後(いご) 이후	以降(いこう) 이후	意志(いし) 의지
維持(いじ) 유지	異常(いじょう) 이상	移動(いどう) 이동
田舎(いなか) 시골	衣服(いふく) 의복	今頃(いまごろ) 지금쯤
受付(うけつけ) 접수	内側(うちがわ) 안쪽	宇宙(うちゅう) 우주
栄養(えいよう) 영양	延期(えんき) 연기	遠足(えんそく) 소풍
応援(おうえん) 응원	応対(おうたい) 응대	往復(おうふく) 왕복
大家(おおや) 집주인	大人(おとな) 어른	温泉(おんせん) 온천
外貨(がいか) 외국화폐	海外(かいがい) 해외	会館(かいかん) 회관
開催(かいさい) 개최	改札(かいさつ) 개찰	会場(かいじょう) 회장
会費(かいひ) 회비	顔色(かおいろ) 얼굴색	確実(かくじつ) 확실
各地(かくち) 각지	火事(かじ) 화재	片方(かたほう) 한쪽
活動(かつどう) 활동	感覚(かんかく) 감각	間隔(かんかく) 간격
環境(かんきょう) 환경	観察(かんさつ) 관찰	完成(かんせい) 완성
間接的(かんせつてき) 간접적	観測(かんそく) 관측	管理(かんり) 관리
機会(きかい) 기회	期間(きかん) 기간	危険(きけん) 위험
季節(きせつ) 계절	規則(きそく) 규칙	喫茶店(きっさてん) 다방
切手(きって) 우표	切符(きっぷ) 표	記念(きねん) 기념

希望(きぼう) 희망	救援(きゅうえん) 구원	求人(きゅうじん) 구인
共通点(きょうつうてん) 공통점	記録(きろく) 기록	禁止(きんし) 금지
苦悩(くのう) 고뇌	警官(けいかん) 경관	警察(けいさつ) 경찰
外科(げか) 외과	今朝(けさ) 오늘 아침	月末(げつまつ) 월말
現金(げんきん) 현금	検索(けんさく) 검색	建設(けんせつ) 건설
建築(けんちく) 건축	件名(けんめい) 사건명	効果的(こうかてき) 효과적
航空(こうくう) 항공	国籍(こくせき) 국적	今年(ことし) 올해
言葉(ことば) 말, 언어	今夜(こんや) 오늘 밤	混乱(こんらん) 혼란
最近(さいきん) 최근	最終的(さいしゅうてき) 최종적	最多(さいた) 최다
最低(さいてい) 최저	坂道(さかみち) 언덕길	作業(さぎょう) 작업
差別(さべつ) 차별	左右(さゆう) 좌우	産業(さんぎょう) 산업
賛成(さんせい) 찬성	支持(しじ) 지지	支出(ししゅつ) 지출
試食(ししょく) 시식	自信(じしん) 자신감	湿気(しっけ) 습기
実際(じっさい) 실제	失礼(しつれい) 실례	品物(しなもの) 물건
指名(しめい) 지명	写真(しゃしん) 사진	自由(じゆう) 자유
習慣(しゅうかん) 습관, 관습	収集(しゅうしゅう) 수집	祝日(しゅくじつ) 경축일
宿泊(しゅくはく) 숙박	首相(しゅしょう) 수상	主張(しゅちょう) 주장
出国(しゅっこく) 출국	出張(しゅっちょう) 출장	主婦(しゅふ) 주부
主要(しゅよう) 주요	準備(じゅんび) 준비	商業(しょうぎょう) 상업
状況(じょうきょう) 상황	正直(しょうじき) 정직함	賞品(しょうひん) 상품
職人(しょくにん) 장인	食欲(しょくよく) 식욕	進学(しんがく) 진학
真剣(しんけん) 심각함, 진지함	診察(しんさつ) 진찰	親切(しんせつ) 친절함
新築(しんちく) 신축	身長(しんちょう) 신장, 키	心配(しんぱい) 걱정
性格(せいかく) 성격	正確(せいかく) 정확함	清潔(せいけつ) 청결함
生産(せいさん) 생산	正式(せいしき) 정식	成績(せいせき) 성적
正常(せいじょう) 정상	精神(せいしん) 정신	製造(せいぞう) 제조
制服(せいふく) 제복	整理(せいり) 정리	積極的(せっきょくてき) 적극적
設計(せっけい) 설계	説明(せつめい) 설명	節約(せつやく) 절약
背中(せなか) 등	世話(せわ) 돌봄, 신세	選択(せんたく) 선택
専門家(せんもんか) 전문가	操作(そうさ) 조작	掃除(そうじ) 청소

送信(そうしん) 송신	想像(そうぞう) 상상	卒業(そつぎょう) 졸업
外側(そとがわ) 바깥쪽	祖父(そふ) 할아버지	祖母(そぼ) 할머니
尊敬(そんけい) 존경	台風(たいふう) 태풍	大量(たいりょう) 대량
短気(たんき) 성미가 급하다	地域(ちいき) 지역	遅延(ちえん) 지연
遅刻(ちこく) 지각	知識(ちしき) 지식	知人(ちじん) 지인
知能(ちのう) 지능	注意(ちゅうい) 주의	中央(ちゅうおう) 중앙
中古(ちゅうこ) 중고	中止(ちゅうし) 중지	昼食(ちゅうしょく) 중식
注目(ちゅうもく) 주목	注文(ちゅうもん) 주문	挑戦(ちょうせん) 도전
直接(ちょくせつ) 직접	追加(ついか) 추가	通勤(つうきん) 통근
通帳(つうちょう) 통장	通訳(つうやく) 통역	都合(つごう) 시간 여건, 상황
適当(てきとう) 적당함, 대충	出口(でぐち) 출구	手帳(てちょう) 수첩
手袋(てぶくろ) 장갑	伝統(でんとう) 전통	天然(てんねん) 천연
特徴(とくちょう) 특징	特別(とくべつ) 특별함	独立(どくりつ) 독립
突然(とつぜん) 갑자기	内緒(ないしょ) 비밀	内容(ないよう) 내용
仲間(なかま) 동료	中身(なかみ) 내용	名札(なふだ) 명찰
日時(にちじ) 일시	人数(にんずう) 인원수	寝坊(ねぼう) 늦잠
年齢(ねんれい) 연령	配管(はいかん) 배관	売買(ばいばい) 매매
発音(はつおん) 발음	発展(はってん) 발전	発売(はつばい) 발매
母親(ははおや) 어머니	反対(はんたい) 반대	半年(はんとし) 반년
半日(はんにち) 반나절	半々(はんはん) 반반	日帰り(ひがえり) 당일치기
比較(ひかく) 비교	一人暮らし(ひとりぐらし) 자취	秘密(ひみつ) 비밀
費用(ひよう) 비용	評価(ひょうか) 평가	昼頃(ひるごろ) 점심 경
昼間(ひるま) 점심, 낮	広場(ひろば) 광장	付近(ふきん) 부근
復習(ふくしゅう) 복습	服装(ふくそう) 복장	普段(ふだん) 평소
普通(ふつう) 보통	不満(ふまん) 불만	文化財(ぶんかざい) 문화재
文章(ぶんしょう) 문장, 글	閉店(へいてん) 폐점	平和(へいわ) 평화
部屋(へや) 방	変化(へんか) 변화	返事(へんじ) 대답
返信(へんしん) 답장	報告書(ほうこくしょ) 보고서	翻訳(ほんやく) 번역
窓口(まどぐち) 창구	見本(みほん) 견본	未来(みらい) 미래
昔話(むかしばなし) 옛날이야기	虫歯(むしば) 충치	息子(むすこ) 아들

名刺(めいし)　명함	迷惑(めいわく)　피해	面積(めんせき)　면적
面接(めんせつ)　면접	申し込み(もうしこみ)　신청서	目的(もくてき)　목적
目標(もくひょう)　목표	文字(もじ)　문자	役割(やくわり)　역할
野菜(やさい)　야채	夕食(ゆうしょく)　석식	友人(ゆうじん)　친한 친구
輸入品(ゆにゅうひん)　수입품	用紙(ようし)　용지	預金(よきん)　예금
翌朝(よくあさ)　이튿날 아침	浴室(よくしつ)　욕실	翌日(よくじつ)　이튿날
予算(よさん)　예산	夜中(よなか)　한밤중	留学(りゅうがく)　유학
両替(りょうがえ)　환전	両親(りょうしん)　부모	留守番(るすばん)　부재중
歴史(れきし)　역사	連休(れんきゅう)　연휴	老人(ろうじん)　노인
論文(ろんぶん)　논문	若者(わかもの)　젊은이	割引(わりびき)　할인

01 자주 출제되는 동사

～う

合う	맞다(크기, 기준 등)	味わう	맛보다
扱う	다루다, 취급하다	洗う	씻다
祝う	축하하다	失う	잃다
疑う	의심하다	行う	행하다
追う	뒤쫓다	通う	다니다
競う	겨루다	誘う	권하다, 권유하다
しまう	치우다, 안에 넣다	吸う	피우다, (숨을) 쉬다
救う	구하다	違う	다르다
願う	바라다, 원하다	払う	지불하다, 치르다
拾う	줍다	迷う	(길을) 헤매다, 망설이다
向かう	(장소를) 향하다	笑う	웃다

～く

空く	비다	描く	(이상향을) 그리다
置く	두다	驚く	놀라다
泳ぐ	헤엄치다	輝く	빛나다
描く	(그림을) 그리다	傾く	기울다
乾く	(물기) 마르다	効く	듣다, 효과가 있다
咲く	(꽃이) 피다	騒ぐ	소란을 피우다
空く	한산하다	就く	취임하다
続く	계속되다	溶く	풀다, 녹이다
解く	(문제나 오해를) 풀다	届く	(물건, 마음이) 도착하다
泣く	울다	抜く	뽑다
除く	제거하다	掃く	쓸다

働く	일하다	吹く	불다
招く	초대하다	磨く	닦다
導く	인도하다, 지도하다(윤 指導する)		

～む

編む	엮다, 짜다	歩む	걸어가다
囲む	둘러싸다	組む	짜다
沈む	가라앉다	進む	(앞으로) 나아가다
済む	끝나다	畳む	개다
頼む	부탁하다	包む	싸다, 포장하다
積む	쌓다	悩む	고민하다
盗む	훔치다	望む	바라다
止む	그치다		

～す

表す	나타내다	移す	옮기다
遅らす	늦추다	押す	밀다, 누르다
落とす	떨어뜨리다	返す	돌려주다
隠す	숨기다, 감추다	乾かす	(물기를) 말리다
暮らす	살다, 지내다	消す	지우다, 끄다
壊す	부수다	探す	찾다
差す	꽂다, (우산을) 쓰다	指す	가리키다
覚ます	깨다	示す	나타내다, 가리키다
過ごす	(시간을) 보내다	済ます	끝내다, 마치다(윤 終える)
試す	시험하다, 시도하다	倒す	쓰러뜨리다
直す	고치다	治す	(병을) 고치다
流す	흘리다	残す	남기다
増やす	늘리다	減らす	줄이다
干す	말리다	増す	늘리다

<ruby>戻<rt>もど</rt></ruby>す	돌려놓다	<ruby>許<rt>ゆる</rt></ruby>す	용서하다
<ruby>汚<rt>よご</rt></ruby>す	더럽히다	<ruby>渡<rt>わた</rt></ruby>す	건네다

～ぶ

<ruby>選<rt>えら</rt></ruby>ぶ	고르다, 선택하다	<ruby>転<rt>ころ</rt></ruby>ぶ	넘어지다
<ruby>叫<rt>さけ</rt></ruby>ぶ	외치다	<ruby>飛<rt>と</rt></ruby>ぶ	날다
<ruby>並<rt>なら</rt></ruby>ぶ	늘어서다, 줄을 서다	<ruby>運<rt>はこ</rt></ruby>ぶ	옮기다, 운반하다
<ruby>学<rt>まな</rt></ruby>ぶ	익히다, 배우다	<ruby>結<rt>むす</rt></ruby>ぶ	묶다
<ruby>呼<rt>よ</rt></ruby>ぶ	부르다	<ruby>喜<rt>よろこ</rt></ruby>ぶ	기뻐하다

～つ

<ruby>打<rt>う</rt></ruby>つ	치다, 두드리다	<ruby>勝<rt>か</rt></ruby>つ	이기다
<ruby>育<rt>そだ</rt></ruby>つ	자라다	<ruby>経<rt>た</rt></ruby>つ	(시간이) 지나다, 경과하다

～れる

あこが**れる**	동경하다	<ruby>現<rt>あらわ</rt></ruby>れる	나타내다, 드러내다
<ruby>恐<rt>おそ</rt></ruby>れる	두려워하다, 무서워하다	<ruby>枯<rt>か</rt></ruby>れる	시들다
<ruby>暮<rt>く</rt></ruby>れる	저물다	<ruby>壊<rt>こわ</rt></ruby>れる	부서지다, (계획이) 틀어지다
<ruby>優<rt>すぐ</rt></ruby>れる	뛰어나다	<ruby>倒<rt>たお</rt></ruby>れる	쓰러지다
<ruby>疲<rt>つか</rt></ruby>れる	피곤하다, 녹초가 되다(윤 くたびれる)	<ruby>流<rt>なが</rt></ruby>れる	흐르다
<ruby>慣<rt>な</rt></ruby>れる	익숙해지다	<ruby>離<rt>はな</rt></ruby>れる	떨어지다
<ruby>汚<rt>よご</rt></ruby>れる	더러워지다	<ruby>忘<rt>わす</rt></ruby>れる	잊다
<ruby>割<rt>わ</rt></ruby>れる	깨지다		

～ける

<ruby>預<rt>あず</rt></ruby>ける	맡기다	<ruby>受<rt>う</rt></ruby>ける	받다
<ruby>欠<rt>か</rt></ruby>ける	결여되다, 빠지다	<ruby>傾<rt>かたむ</rt></ruby>ける	기울이다
<ruby>助<rt>たす</rt></ruby>ける	돕다, 구조하다	<ruby>続<rt>つづ</rt></ruby>ける	계속하다
<ruby>溶<rt>と</rt></ruby>ける	녹다	<ruby>解<rt>と</rt></ruby>ける	(문제, 관계가) 풀리다

届ける	배달하다, 신고하다	負ける	지다, 패하다(윤 敗れる)
向ける	돌리다		

～える

与える	(영향, 인상, 기회를) 주다	植える	(식물을) 심다
得る	얻다	終える	끝내다, 마치다
変える	바꾸다	替える	바꾸다
数える	수를 세다	消える	사라지다
加える	보태다, 더하다	超える	(기준을) 넘다
支える	지지하다, 떠받치다	伝える	알리다, 전하다
生える	나다	冷える	차가워지다
増える	늘어나다		

～る

余る	남다	祈る	기도하다, 빌다
受かる	(시험에) 합격하다	移る	이동하다, 옮기다
怒る	화내다	踊る	춤추다
折る	접다	かざる	장식하다
語る	이야기하다	配る	나누다
断る	거절하다	困る	곤란하다, 난감하다
凝る	뻐근하다	触る	만지다
去る	떠나다	叱る	꾸짖다, 야단치다
縛る	묶다	湿る	축축해지다, 습기 차다
捨てる	버리다	散る	떨어지다
怒鳴る	노발대발하다, 성내다	取る	잡다
撮る	(사진을) 찍다	似る	닮다
眠る	자다	登る	(산에) 오르다
図る	도모하다	計る	측량하다, 계측하다
光る	빛나다	降る	(비, 눈이) 내리다

経る	(시간이) 흐르다	守る	보호하다, 지키다
破る	깨다	割る	나누다
渡る	건너다		

기타

転がる	구르다	しゃべる	수다를 떨다
確かめる	확인하다	訪ねる	방문하다
散らかる	어지러지다, 흩어지다	まとめる	한데 모으다
認める	인정하다	求める	요구하다

取り〜

取り扱う	다루다, 취급하다	取り替える	바꾸다, 갈다, 교환하다
取り組む	몰두하다	取り消す	취소하다(윤 キャンセルする)
取り出す	꺼내다, 골라내다	取り除く	제거하다
取り戻す	되찾다, 회복하다		

〜込む

落ち込む	(좋지 못한 상태에) 빠지다, 실망하다(윤 がっかりする)
乗り込む	탈것에 올라 타다

受け〜

受け入れる	받아들이다, 승낙하다	受け付ける	접수하다
受け取る	수취하다, 납득하다, 이해하다	受け持つ	담당하다(윤 担当する)

～出す

売り出す	팔기 시작하다	追い出す	쫓아내다, 몰아내다
逃げ出す	도망가다	言い出す	말을 꺼내다, 말하기 시작하다
飛び出す	뛰쳐나오다	降り出す	내리기 시작하다

引き～

引き上げる	끌어올리다, 인양하다, 인상하다	引き受ける	(일, 역할을) 책임지다, 떠맡다
引き出す	꺼내다, 끌어내다		

思い～

思い込む	굳게 믿다	思いきる	단념하다
思いつく	문득 생각이 떠오르다	思い出す	생각해 내다

見～

見送る	배웅하다	見かける	눈에 띄다, 언뜻 보다(圇 見受ける)
見付かる	발견되다	見付ける	발견하다, 찾다(圇 探す)
見直す	재검토하다, 달리 보다(圇 もう一度見る)		

기타

打ち合わせる	협의하다	落ち着く	안정되다
片付ける	정리하다 (圇 整理する)	着替える	(옷을) 갈아 입다
組み立てる	조립하다	繰り返す	반복하다
仕上がる	완성되다(圇 出来上がる・完成する)	支払う	지불하다
締め切る	마감하다	出会う	마주치다
出迎える	마중하다	通りかかる	우연히 지나가다
通り過ぎる	지나치다, 지나가다	乗り換える	갈아타다
振り向く	뒤돌아보다	目立つ	눈에 띄다
役立つ	도움이 되다		

〜い

青い	파랗다	赤い	빨갛다
浅い	얕다	厚い	두껍다
暑い	덥다	熱い	뜨겁다
甘い	달다	痛い	아프다
薄い	얇다, 연하다	うまい	잘하다, 맛있다
うるさい	시끄럽다	偉い	훌륭하다, 대단하다
多い	많다	遅い	늦다, 느리다
重い	무겁다	面白い	재미있다
賢い	현명하다	硬い	딱딱하다
固い	딱딱하다	辛い	맵다
軽い	가볍다	汚い	더럽다
きつい	심하다, 헐렁하지 않다, 엄하다	くどい	끈덕지다
暗い	어둡다	黒い	검다
濃い	짙다	怖い	무섭다
寒い	춥다	しつこい	집요하다
白い	하얗다	凄い	굉장하다
するどい	날카롭다, 예리하다	狭い	좁다
高い	높다, 비싸다	近い	가깝다
強い	강하다, 세다	遠い	멀다
長い	길다	苦い	쓰다
眠い	졸리다	早い	이르다, 빠르다
低い	낮다	酷い	심하다, 지독하다
広い	넓다	太い	굵다
細い	가늘다	まずい	맛없다
丸い	둥글다	短い	짧다
安い	싸다	緩い	헐렁하다
良い	좋다	弱い	약하다

若い	젊다	悪い	나쁘다

～しい

新しい	새롭다	怪しい	수상하다, 의심스럽다
忙しい	바쁘다	美しい	아름답다
嬉しい	기쁘다	おかしい	이상하다
惜しい	아깝다	恐ろしい	두렵다, 겁나다
大人しい	얌전하다	悲しい	슬프다
厳しい	엄하다, 엄격하다, 혹독하다	くやしい	분하다
苦しい	괴롭다, 답답하다	詳しい	자세하다, 상세하다
寂しい	외롭다, 섭섭하다, 쓸쓸하다	親しい	친하다, 가깝다
涼しい	시원하다	すばらしい	훌륭하다, 근사하다
正しい	올바르다, 맞다	楽しい	즐겁다
懐かしい	그립다	悩ましい	괴롭다, 고통스럽다
激しい	격하다	恥ずかしい	부끄럽다
ふさわしい	어울리다	欲しい	갖고 싶다, 원하다
貧しい	가난하다	眩しい	눈부시다
難しい	어렵다	珍しい	드물다, 희귀하다
やかましい	요란스럽다, 성가시다, 까다롭다	優しい	상냥하다, 착하다
易しい	쉽다		

～たい

冷たい	차갑다	ありがたい	고마워하다

～かい

暖かい	따뜻하다, 따스하다	温かい	따뜻하다
細かい	미세하다, 까다롭다	柔らかい	부드럽다

～るい

明るい	밝다		

～ない

危ない	위험하다	大きい	크다
仕方ない	어쩔 수 없다	少ない	적다
違いがない	틀림없다	つまらない	재미없다, 시시하다
とんでもない	별것 아니다		

～だ

安全だ	안전하다	偉大だ	위대하다
嫌だ	싫어하다	色々だ	가지각색이다
穏やかだ	온화하다	簡単だ	간단하다, 쉽다
危険だ	위험하다	嫌いだ	싫어하다
気楽だ	마음이 편하다	きれいだ	예쁘다, 깨끗하다
巨大だ	거대하다	下品だ	품위가 없다
元気だ	건강하다	豪華だ	호화롭다
様々だ	가지각색이다	幸せだ	행복하다
静かだ	조용하다	地味だ	수수하다
邪魔だ	거추장스럽다, 귀찮다	自由だ	자유롭다
十分だ	충분하다	主要だ	주요하다
正直だ	정직하다	上手だ	잘하다, 능숙하다
上品だ	품위가 있다	丈夫だ	튼튼하다
真剣だ	진지하다	親切だ	친절하다
新鮮だ	신선하다	心配だ	걱정스럽다
好きだ	좋아하다	素敵だ	멋있다
清潔だ	청결하다, 깨끗하다	そっくりだ	닮다
退屈だ	지루하다	大事だ	중요하다, 소중하다
大丈夫だ	괜찮다	大好きだ	매우 좋아하다
大切だ	소중하다	大変だ	힘들다

駄目（だめ）だ	안된다	適当（てきとう）だ	적당하다
丁寧（ていねい）だ	정중하다	特別（とくべつ）だ	특별하다
なだらかだ	완만하다, 원활하다	苦手（にがて）だ	서투르다
賑（にぎ）やかだ	번화하다	熱心（ねっしん）だ	열심이다
派手（はで）だ	화려하다	ハンサムだ	잘생겼다
必要（ひつよう）だ	필요하다	暇（ひま）だ	한가하다
平等（びょうどう）だ	평등하다	不安（ふあん）だ	불안하다
複雑（ふくざつ）だ	복잡하다	不思議（ふしぎ）だ	신기하다, 이상하다
無事（ぶじ）だ	무사하다	不便（ふべん）だ	불편하다
不利（ふり）だ	불리하다	下手（へた）だ	못하다, 서투르다
変（へん）だ	이상하다	便利（べんり）だ	편리하다
豊富（ほうふ）だ	풍부하다	真面目（まじめ）だ	성실하다
真（ま）っ白（しろ）だ	새하얗다	見事（みごと）だ	훌륭하다
無理（むり）だ	무리다	明確（めいかく）だ	명확하다
楽（らく）だ	편하다	立派（りっぱ）だ	훌륭하다
有名（ゆうめい）だ	유명하다		

05 자주 출제되는 부사

～り

いきなり	갑자기(유 突然（とつぜん）・急（きゅう）に)	うっかり	무심코, 깜빡(+忘（わす）れる 깜박 잊다)
思（おも）い切（き）り	선뜻, 맘껏	がっかり	실망, 낙담(+する 실망하다)
ぐっすり	푹(+～寝（ね）る・～眠（ねむ）る 푹 자다)	こっそり	몰래(유 そっと・静（しず）かに)
さっぱり	전혀(+부정 표현), 상쾌함	しっかり	제대로, 확실히, 튼튼히(유 丈夫（じょうぶ）だ)
すっかり	완전히(+～てしまう 완전히 ~해 버리다)	そっくり	닮음(유 似（に）ている)
にっこり	빙그레(+～笑（わら）う 빙그레 웃다)	のんびり	한가로이(+～過（す）ごす 한가로이 보내다)
ばったり	우연히 딱(+～会（あ）う 우연히 딱 만나다)	びっくり	깜짝 놀람(+する)
ゆっくり	천천히(+～話（はな）す／～歩（ある）く 천천히 말하다/걷다), 느긋하게(+～休（やす）む 느긋하게 쉬다)		

～々

あちこち	이쪽저쪽	いきいき	생생한 모습(㊡活発的に・元気に)
いらいら	초조함	いよいよ	드디어, 결국(㊡とうとう・ついに)
うろうろ	어슬렁어슬렁(한 곳)	おどおど	벌벌(침착하지 못할 때)
おろおろ	덜덜(춥거나 무서울 때)	からから	목이 마른 모양(㊡のどがかわく)
がらがら	텅 빈 모습	ぐたぐた	녹초가 됨(㊡疲れる)
ぐらぐら	흔들흔들	ごろごろ	뒹굴뒹굴, 빈둥빈둥
少々	약간, 다소(㊡ちょっと)	続々	잇달아, 연달아(㊡どんどん・次々)
たまたま	우연히(㊡偶然)	たびたび	자주(㊡頻繁に・しばしば)
だんだん	점점	時々	때때로(㊡たまに)
どんどん	점점, 잇달아, 연달아	なかなか	좀처럼(＋부정 표현), 꽤(＋긍정 표현)
にこにこ	싱글벙글(㊡にっこり)	のろのろ	느릿느릿
はらはら	조마조마	ぴかぴか	반짝반짝(㊡きらきら)
ぶつぶつ	투덜투덜(㊡愚痴を言う)	ふらふら	비틀비틀
ぶらぶら	어슬렁어슬렁	ふわふわ	둥실둥실, 푹신푹신
ぺこぺこ	배가 몹시 고픔(㊡お腹がすいた)	別々	따로따로

～っと

さっき	조금 전(㊡少し前)	じっと	가만히
ずっと	계속, 훨씬	そっと	살짝, 몰래(㊡こっそり)
もっと	좀더, 한층(㊡さらに・なお)	やっと	겨우, 간신히(㊡ようやく・かろうじて)

～に

今に	머지않아, 언젠가(㊡いつか)	主に	주로
更に	더욱더, 거듭	自然に	저절로
すぐに	곧장, 즉시(㊡ただちに)	すでに	이미, 벌써(㊡もう)
確かに	확실히	ちなみに	게다가, 더불어
常に	항상(㊡いつも)	とっくに	훨씬 전에, 벌써
どんなに	아무리(㊡いくら)	非常に	매우, 상당히(㊡とても)
必死に	필사적으로	別に	그다지, 별로(㊡あまり)

真っ先に　제일 먼저

要するに　이를테면

그 밖의 부사

あいにく　공교롭게도

あらゆる　모든(㊙ 全部)

きちんと　제대로(㊙ ちゃんと)

結構　그런대로, 제법

このごろ　요즘, 최근(㊙ 最近)

さすが　뭐라고 해도, 역시

早速　즉시

しばらく　한동안

大して　대단한(+부정 표현)

大体　대체로(㊙ おおよそ)

たしか　확실히

まったく　완전히, 아주

間もなく　머지않아(㊙ もうすぐ・やがて)

ほとんど　대부분

わざと　고의로, 일부로

---

06 문형과 같이 외워야 하는 부사

부정 표현과 같이 쓰는 부사

あまり　그다지

一度も　한 번도

決して　결코

さっぱり　전혀

絶対に　절대

全然　전혀

それほど　그만큼

大して　대단히

ちっとも・少しも　조금도

なかなか　좀처럼

+ 　〜ない　아니다
　〜できない　〜할 수 없다(가능형의 부정 표현)

추측 표현에 접속하는 부사

たぶん　아마도(윤 おそらく)	
そのうち　머잖아	～だろう　~겠지
きっと　분명, 필시	～はずだ　~할 것이다
もしかしたら・もしかすると　어쩌면	～と思う　~라고 생각한다 ～かもしれない　~할지도 모른다

+

추량 표현에 접속하는 부사

今にも　지금이라도 당장	～そうだ　~할 것 같다
まるで　마치	～ような　~할 것 같은

+

희망 표현에 접속하는 부사

できれば　가능하면(윤 できたら)	～たい　~하고 싶다
どうしても　아무래도	～てください　~해 주세요
できるだけ　가능한 한	～たい　~라도 하고 싶다
なるべく　되도록, 가능한 한	～てほしい　~라도 하길 바란다
ぜったい　절대, 꼭	～ください　~주세요 ～たい　~하고 싶다

+

가정형에 접속하는 부사

たとえば　예를 들어	～たら・～ば・～なら　~하면
もし　혹시, 만약	

+

역접 표현에 접속하는 부사

たとえ　비록	
いくら　아무리	～ても　~일지라도, ~해도
どんなに　아무리	

+

さっき・この間_{あいだ}　조금 전, 요전에

たった今_{いま}・ちょうど　지금 막

とっくに　훨씬 전

まだ　아직

もう　이미, 벌써

確_{たし}か　확실히

せっかく　모처럼

+

～たばかりだ　～한지 얼마 안됐다

～たところだ　～한 참이다

～した　～했다

～ている　～하고 있다

～てある　～해져 있다

～だったと思_{おも}う／～だったと思_{おも}っていた
～였다고 생각하다 / ～였다고 생각했다

～なので／～なのに　～이기 때문에 / ～인데

07　N3에서 외워야 할 관용어 100

001	頭_{あたま}が切_きれる	예리하다
002	頭_{あたま}に来_くる	화가 나다(㊅腹_{はら}が立_たつ・むかつく)
003	息_{いき}を吸_すう	숨을 쉬다
004	息_{いき}が切_きれる	숨이 차다, 숨이 가쁘다
005	印象_{いんしょう}を受_うける	인상을 받다
006	印象_{いんしょう}を与_{あた}える	인상을 주다
007	腕_{うで}がいい	솜씨가 좋다
008	腕_{うで}を組_くむ	팔짱을 끼다
009	エンジンをかける	시동을 걸다
010	お見舞_{みまい}いに行_いく	병문안을 가다
011	お金_{かね}(ポイント)を貯_ためる	돈(포인트)을 모으다
012	お皿_{さら}をさげる	다 먹은 접시를 정리하다
013	お願_{ねが}いをする	부탁을 하다(㊅頼_{たの}む)
014	お祝_{いわ}いを贈_{おく}る	축하 선물을 보내다
015	会社_{かいしゃ}を辞_やめる	회사를 그만두다
016	顔_{かお}が広_{ひろ}い	발이 넓다, 아는 사람이 많다
017	顔_{かお}を出_だす	(모임에) 나타나다, 참석하다

018	肩を持つ	편들다, 두둔하다
019	皮をむく	껍질을 벗기다
020	関心を持つ	관심을 갖다
021	規則を守る	규칙을 지키다(圀 ルール・決まりを守る)
022	基礎から教える	기초부터 가르치다(圀 一から教える)
023	気が合う	마음이 맞다
024	気に入る	마음에 들다(圀 好きだ)
025	気が利く	눈치가 빠르다, 생각이 세심한 데까지 잘 미치다
026	気が済む	홀가분해지다, 기분이 풀리다(↔ 気が済まない 기분이 풀리지 않는다)
027	気がつく	깨닫다, 생각이 나다, 주의가 미치다(圀 気付く)
028	気が短い	성미가 급하다(↔ 気が長い 성미가 느긋하다), (圀 短気だ)
029	気にする	마음에 두다, 신경 쓰다
030	気をつける	정신 차리다, 주의하다(圀 注意する)
031	苦情を言う	불평을 말하다(圀 クレームをつける)
032	薬が効く	약이 잘 듣다
033	口が重い	입이 무겁다, 과묵하다
034	口が堅い	해서는 안될 말은 절대 안 한다
035	口が軽い	입이 가볍다
036	口に合う	입에 맞다, 입맛에 맞다
037	愚痴を言う	푸념을 하다
038	首にする	해고하다
039	首を長くする	몹시 기다리다, 애타게 기다리다
040	計画を立てる	계획을 세우다(圀 プランを立てる)
041	化粧を落とす	화장을 지우다
042	結果を出す	결과를 내다
043	けんかを売る	싸움을 걸다
044	効果が現れる	효과가 나타나다
045	声を掛ける	말을 붙이다, 말을 건네다
046	心を配る	배려하다
047	子供(植物)を育てる	아이(식물)를 키우다

048	ご遠慮ください	삼가해 주세요
049	財産を失う	재산을 잃다
050	時間を稼ぐ	시간을 벌다
051	時間(場所)を過ぎる	시간(장소)를 지나다
052	仕事(洗い物)がたまる	일(설거지)이 쌓이다
053	仕事(役割)を引き受ける	일(역할)을 맡다
054	冗談を言う	농담을 하다
055	植物を植える	식물을 심다
056	姿を消す	자취를 감추다
057	席を外す	자리를 뜨다, 자리를 비우다
058	世話になる	신세를 지다
059	世話をする	돌보다
060	先輩にあこがれる	선배를 동경하다
061	対策を立てる	대책을 세우다
062	体調を崩す	몸 상태가 나빠지다
063	力を入れる	힘을 쓰다, 힘을 쏟다
064	力を合わせる・力を合わす	힘을 모으다
065	手間がかかる	수고(시간, 노력)가 들다
066	手にする	(자신의 것으로) 손에 넣다
067	手をつなぐ	손을 잡다(↔ 手を放す)
068	手を切る	관계를 끊다
069	手を組む	협력하여 손을 잡다
070	動物を飼う	동물을 키우다
071	突然雨が降り出す	갑자기 비가 내리기 시작하다
072	努力を払う	노력을 기울이다
073	波に乗る	시대의 흐름에 편승하다, 분위기를 타다
074	熱を上げる	열을 올리다
075	熱が出る	열이 나다 (* 熱を出す 열을 내다)
076	恥をかく	창피를 당하다
077	はやりに乗る	유행을 타다

078	バランスをとる	균형을 잡다
079	ハンドルを握る	핸들을 쥐다, 운전하다
080	ひもを結ぶ	끈을 묶다(* ひもで縛る 끈으로 묶다)
081	病気にかかる	병에 걸리다
082	耳にする	(우연히) 듣다
083	身につける	(기술을) 익히다, (옷을) 입다
084	胸を張る	가슴을 펴다, 자신만만한 태도를 취하다
085	面倒をかける	피해를 끼치다
086	面倒を見る	보살피다
087	目が覚める	눈을 뜨다, 잠이 깨다(↔目を閉じる 눈을 감다)
088	目につく	눈에 띄다, 돋보이다
089	目を疑う	제 눈을 의심하다
090	目を通す	대충 훑어 보다
091	目を離す	한눈팔다
092	物(人・動物)を預ける	물건(사람·동물)을 맡기다
093	文句をつける	시비를 걸다, 트집을 잡다
094	約束を守る	약속을 지키다
095	約束を破る	약속을 깨다
096	休みを取る	휴가를 받다(圖休暇を取る)
097	夢を見る	꿈을 꾸다
098	横になる	눕다, 자다
099	リズムをとる	리듬을 타다
100	冷房が効く	냉방이 잘 되다

001	アイデア・アイディア	아이디어(윤 案(あん))
002	アクセサリー(をつける)	액세서리, 장식품(을 달다)
003	アクセス	접근, 근접
004	アクセント	액센트
005	アップ(する)	업(하다)
006	アドバイス	조언
007	アルバイト(を募集(ぼしゅう)する)	아르바이트(를 모집하다)
008	アンケート(を集(あつ)める)	앙케트, 설문조사(를 모으다)
009	インタビュー(をする)	인터뷰(를 하다)
010	ウェートレス	웨이트리스
011	エプロン	앞치마
012	エンジン(をかける)	엔진, 시동(을 걸다)
013	オリエンテーション	오리엔테이션
014	オンライン	온라인
015	カット(する)	커트(하다), 자르다 (윤 切(き)る・減(へ)らす)
016	カード	카드
017	カーブ	커브(+〜を曲(ま)がる 커브를 돌다), (+〜が多(おお)い 커브가 많다)
018	カバー(をつける／する)	덮개(를 덮다) / (손실 등을) 보충(하다)
019	カロリー	칼로리
020	キャンパス	캠퍼스
021	クーラー(が効(き)いている)	쿨러, 에어컨(이 켜져 있다)
022	グラフ(を直(なお)す)	그래프(를 고치다)
023	グループ(を分(わ)ける)	그룹(을 나누다)
024	ケーキ(を切(き)る)	케이크(를 자르다)
025	コピー(する)	복사(하다)
026	サイズ	사이즈(윤 大(おお)きさ 크기)
027	サンプル	샘플(윤 見本(みほん))
028	シーズン	시즌

029	シーツ	시트
030	スタート	시작 (윤 開始)
031	ストレス	스트레스
032	スペース	스페이스, 공간(윤 場所 장소)
033	セット(する)	세트, 조절(하다)
034	チェンジ(する)	체인지, 교환(하다)(윤 交換)
035	チップ(をあげる)	팁(을 주다)
036	チャレンジ	도전(윤 挑戦)
037	チャンス(を・与える／つかむ)	찬스, 기회(를 주다/잡다)(윤 機械)
038	プラン(を立てる)	플랜, 계획(을 세우다) (윤 計画)
039	ブレーキ(をかける)	브레이크(를 걸다)
040	プログラム	프로그램
041	マスク(をつける)	마스크(를 쓰다)
042	マスコミ	매스컴, 언론
043	メッセージ(を残す)	메시지(를 남기다) (윤 伝言)
044	メニュー(を見る)	메뉴(를 보다)
045	メモ(を取る)	메모(를 하다)
046	メンバー(を決める)	멤버(를 정하다)
047	レンタカー(を借りる)	렌터카(를 빌리다)
048	ユーモア(が・ある／ない)	유머(가 있다/없다)
049	ユニフォーム	유니폼, 제복 (윤 制服)
050	ルール	룰, 규칙 (윤 規則・決まり)

Q1	① さんか　参加	② かち　価値	③ かのう　可能	④ かかく　価格
Q2	① かたち　形	② しゅうかんし　週刊誌	③ はっかん　発刊	
Q3	① けんちく　建築	② けんこう　健康	③ じょうけん　条件	④ ようけん　用件
Q4	① けつろん　結論	② れんぞく　連続	③ つづく　続く	④ むすぶ　結ぶ
Q5	① きょうそう　競争	② かんきょう　環境	③ しんきょう　心境	④ きそう　競う
Q6	① かんけい　関係	② けいとう　系統		
Q7	① きせつ　季節	② いたく　委託		
Q8	① ちゅうこ　中古	② こてい　固定	③ こしょう　故障	
Q9	① こうあん　考案	② さいこう　最高	③ せんこう　選考	④ こうか　高価
Q10	① ていきょう　提供	② きょうどう　共同	③ こうきょう　公共	
Q11	① せいこう　成功	② こうりゃく　攻略	③ せんこう　専攻	
Q12	① けっか　結果	② くだもの　果物	③ にっか　日課	④ かだい　課題
Q13	① きゅうじょ　救助	② けんきゅう　研究	③ ちきゅう　地球	④ でんきゅう　電球
	⑤ せいきゅう　請求			
Q14	① おすすめ　お勧め	② かんこう　観光	③ かんげい　歓迎	
Q15	① しんりょく　新緑	② とうろく　登録	③ ろくおん　録音	
Q16	① のうぎょう　農業	② こい　濃い		
Q17	① しかく　資格	② うんちん　運賃	③ しげん　資源	④ かす　貸す
Q18	① とうちゃく　到着	② めんどうだ　面倒だ	③ たおれる　倒れる	
Q19	① こんど　今度	② しゅっせき　出席	③ けっせき　欠席	
Q20	① もどす　戻す	② なみだ　涙		
Q21	① みかんせい　未完成	② しゅうまつ　週末		
Q22	① ねむる　眠る	② がんか　眼科	③ めがね　眼鏡	④ ねむい　眠い
Q23	① ぼきん　募金	② ゆうぐれ　夕暮れ	③ くらす　暮らす	④ おうぼ　応募
Q24	① しゅくはく　宿泊	② はくしゅ　拍手		
Q25	① せいふく　征服	② ふくつう　腹痛	③ せいふく　制服	④ ふくよう　服用
Q26	① にんむ　任務	② せきにん　責任	③ まかせる　任せる	④ しあげる　仕上げる
Q27	① そうぞう　想像	② よそう　予想	③ そうご　相互	④ かんそう　感想
Q28	① しょうたい　招待	② しょうかい　紹介	③ ちょうか　超過	
Q29	① しせつ　施設	② りょかん　旅館	③ りょこう　旅行	④ しこう　施行
Q30	① ちしき　知識	② しゅうしょく　就職	③ にんしき　認識	④ しょくぎょう　職業

Q31	①がっき　楽器	②のうやく　農薬	
Q32	①げんいん　原因	②しげん　資源	
Q33	①ようき　容器	②ないよう　内容	
Q34	①しゅうい　周囲	②しゅうかん　週間	
Q35	①ふしぎだ　不思議だ	②ぎむ　義務	③かいぎ　会議
Q36	①にる　似る	②いこう　以降	
Q37	①せいふく　制服	②せいひん　製品	③ふくせい　複製 ④せいげん　制限
Q38	①ちゅうい　注意	②しゅちょう　主張	③じゅうたく　住宅 ④おもな　主な
Q39	①してん　支店	②ぎじゅつ　技術	③きょうぎ　競技 ④えだ　枝
Q40	①きたい　期待	②うけもつ　受け持つ	③とくちょう　特徴 ④とっきゅう　特急
Q41	①ちょくせつ　直接	②せっち　設置	③ねだん　値段 ④しょくぶつ　植物
	⑤うえる　植える	⑥おく　置く	
Q42	①かいさつぐち　改札口	②しつれい　失礼	③なふだ　名札
Q43	①ついか　追加	②せまる　迫る	
Q44	①たんち　探知	②ふかい　深い	③しんや　深夜
Q45	①しゅっぱん　出版	②しっぱい　失敗	
Q46	①つかれる　疲れる	②くろう　苦労	③わたる　渡る
Q47	①ほけん　保険	②けんさ　検査	

문법편

- 문제 유형별 설명 및 비법 TIP
1 기출 문법 체크
2 JLPT 완벽대비

문제 유형별
설명 및 비법 TIP

문제이해
문법형식 문제는 제시된 문장의 공란에 알맞은 문형이나 문법을 넣는 문제이다. 형식은 이전 시험과 같지만, 출제 문항수가 13문제로 줄고 문장 자체가 커뮤니케이션 중심의 내용으로 바뀌었다. 따라서 일상생활에서 사용 빈도가 낮은 기능어는 자연스럽게 출제 빈도가 줄고, 그에 비해 사용 빈도가 높은 존경 표현이나 겸양 표현 문제의 출제 빈도가 높아졌다. 그리고 부사형 문법 및 부탁 표현 관련 문제도 출제된다.

기출문제유형

유형1 隣の町(　　　　　)、私が住んでいる町の電気代は高いです。 2013-1회

1 として　　　2 と比べて　　　3 につうじて　　　4 において

해석

옆동네에 비해 내가 살고 있는 마을의 전기세는 비쌉니다.

해설
공란 앞에는 「隣(となり)の町(まち) 옆동네」라는 표현이 있고 공란 뒤에는 「私(わたし)が住(す)んでいる町(まち) 내가 살고 있는 마을」이라는 표현이 있다. 선택지에서는 그 둘을 비교하는 표현인 '~에 비해'라는 뜻의 2번 「と比べて」가 가장 잘 어울린다.

유형2 授業で使う資料に間違いがあったが、(　　　　)あまり時間がない。

2011-1회

1 やり直すでは　　2 やるままでは　　3 やり直すには　　4 やるままには

해석

수업에서 사용하는 자료에 실수가 있었지만 고치기에는 그다지 시간이 없다.

해설
우선 선택지에 있는 「やり直す 다시 하다」, 「やるまま 하는 그대로」 중 뭐가 들어가야 할지 확인해야 한다. 공란 앞에 「間違(まちが)いがあったが 실수가 있었지만」이라는 표현이 있으므로 「やるまま」는 어울리지 않는다. 그러고 나서 「~には ~하기에는」, 「~では ~에서는」 중 답을 고르면 된다. 공란 뒤에 「あまり時間(じかん)がない 그다지 시간이 없다」라는 표현이 오므로 답은 3번 「やり直すには」이다.

문법형식 문제에 대비하기 위해서는 N3수준에서 필요한 기능어를 외워야 한다. 접속형태보다는 위의 [유형1]처럼 「～として, ～と比べて, ～につうじて, ～において」의 정확한 의미를 외우는 것이 중요하다. 따라서 어디에 중점을 두고 외워야 할지를 잘 생각해야 한다.

그러나 [유형2] 문제의 문장은 오히려 やり直すには 이 자체를 해석해서 문제를 풀려고 하면 더 독이 될 수 있다. 이와 같은 문법 문제의 경우는 선택지 예문을 각각 쪼개서, 즉 「やり直す＋には」로 표현을 나눈 후 오답을 먼저 지워야 정답이 보인다.

그 외에도 존경 표현과 겸양 표현 관련 문제에서는 실제 커뮤니케이션에서 자주 듣고 볼 수 있는 문장들이 출제되고 있으므로 안내문, 공지문, 안내방송 등에서 쓰는 문구를 주의 깊게 보아 두는 것이 공부에 도움이 된다.

수동과 사역, 사역수동형과 관련된 문제는 기본적인 의미만 파악한다면 충분히 대비할 수 있다. 마지막 부사형 문법의 경우 「せっかく 모처럼」 뒤에는 「～のだから ～なので, ～なのに」와 같은 표현이 온다는 점을 생각해서 외우면 좋다. 따라서 평소 기능어와 부사를 같이 정리해서 외우는 습관이 중요하다.

▶ 문제를 풀 때 알아두면 좋은 사실

보통 지문을 먼저 읽는 경향이 있지만 선택지를 먼저 읽고 지문을 읽는 것이 문제를 푸는 데 유리하다. 선택지에 제시된 문형 별로 각각 푸는 방법을 익혀 두면 문제를 좀 더 빨리 정확하게 풀 수 있다.

① 존경 표현과 겸양 표현 관련 문제

(　　　) 안에 들어갈 선택지가 존경 표현이나 겸양 표현일 때 우선 행동의 대상이 누구인지를 먼저 파악해야 한다. (　　　) 인에 들어살 행위를 하는 사람이 화자인 경우에는 '겸양 표현'을, 만약 행위를 하는 대상이 화자가 아닌 경우에는 '존경 표현'을 찾는다.

② 희망 표현 관련 문제

선택지 중에 「～たい, ～てほしい」와 같이 희망을 나타내는 표현이 있는 경우에는 우선 주어와 행위를 하는 대상이 각각 1인칭인지 2, 3인칭인지를 파악해야 한다.
화자와 행위 대상자가 1인칭인 경우에는 「～たい, ほしい」를, 화자는 1인칭이지만 행위를 하길 원하는 대상이 2, 3인칭인 경우에는 「～てほしい, ～てもらいたい」, 화자와 행위대상자가 2, 3인칭인 경우에는 「～がっている」가 들어간 선택지를 고른다.

문제이해 문장의 배열을 묻는 이 문제는 선택지 1~4번의 문장 및 어휘를 순서대로 배열하여 올바른 문장으로 만든 후 ★ 표시가 되어 있는 부분에 해당하는 선택지를 고르는 문제이다. 이 문제를 풀기 위해서는 문장을 만드는 능력이 필요하다. 또한 문장에서 문형을 이해하는 것뿐만 아니라 실제로 문장을 만들어 보거나 많은 예문을 읽어서 그 문형의 전형적인 사용법을 알아두는 것이 중요하다.

기출문제유형 必ず ＿＿＿＿ ＿＿＿＿ ＿＿★＿＿ ＿＿＿＿ うっかり忘(わす)れていた。 2014-2회

1 ことを　　　　　　　　　2 今週中に

3 ✓ レポートの　　　　　　　4 作成しなくてはいけない

해석

> 반드시 이번 주에 작성해야만 하는 리포트를 깜박 잊고 있었다. (2431)

해설

우선 동사 「忘れていた」 앞에 조사 「を」를 써야 하므로 맨 마지막 칸에는 1이 와야 한다. 그 앞에는 「レポートの」가 오는 것이 자연스러우므로 3-1이 된다. 그리고 그 앞에 수식하는 말인 「作成しなくてはいけない」이 와야 하므로 4-3-1이 되며 그 앞에 기간이 오는 게 자연스러우므로 2-4-3-1이 된다. 즉 「必ず ②今週中に ④作成しなくてはいけない ③★レポートの ①ことを うっかり忘れていた。 반드시 이번 주에 작성해야만 하는 리포트를 깜박 잊고 있었다」라는 문장이 완성된다. 이 경우 ★에 선택지 3번이 들어가 있으므로 정답은 선택지 3번이다.

비법 **TIP** 문장만들기 문제에 대비하기 위해서는 우선 문형을 외워야 한다. 즉 문제를 풀 때 무조건 한국어로 해석한 뒤 그에 맞춰 배열하는 것이 아니라 예문의 어휘 및 문장을 보고 선택지에서 연결 가능한 것을 파악하여 배열한 뒤 나머지 어휘를 연결하면 쉽게 문장을 구성할 수 있다.

▶ 문제를 풀 때 알아두면 좋은 문장 형식

① ～と思う

N3에서 많이 출제되는 문형이다. 「～と思う」 앞에 '보통형'이 온다는 사실과 「～と思う」는 문말에 자주 배치된다는 사실을 기억해 두자.

② て형

N3에서는 て형에 보조동사를 접속해서 활용하는 문형이 많이 출제된다. て형에 접속하는 보조동사에는 「あげる 주다, くれる 주다, もらう 받다, くださる 주시다, いただく 받다, みる 보다, おく 두다, しまう 버리다, いく 가다, 来る 오다」 등이 있다. 선택지에 て형과 보조동사는 분리된 경우가 많으므로 제일 먼저 이 문형을 찾아서 연결하면 문제를 푸는 시간을 절약할 수 있다.

③ ～な

선택지에 な형용사나 조동사가 나와서 명사수식형인 「～な」로 활용된 경우에는 뒤에 명사가 와야 하므로 이를 먼저 찾아서 배열하면 문제를 푸는 시간이 줄어든다. 단, 「동사원형＋な」의 형식일 때는 '～하지 마라'라는 금지명령의 뜻이 되므로 주의해야 한다.

④ の

흔히 の는 명사와 명사를 연결하는 역할을 한다. 다만 간혹 「父(ちち)の働(はたら)く会社(かいしゃ)に行く」에서처럼 「父が働く会社(아빠가 일하는 회사)」를 명사절로 만들어주기 위해서 조사 「が」를 「の」로 바꿔 쓰는 경우가 있으므로 의미를 잘 파악해서 문제를 풀어야 한다.

문제이해　글의 문법은 중문 독해 정도의 지문을 읽고 글의 흐름에 맞는 문형이 어떤 것인지를 묻는 문제이다. 지문의 공란을 메워가는 형식으로 5문제 출제된다. 문제 패턴을 보면 문맥상 알맞은 어휘, 접속사, 부사, 기능어 등을 고르는 문제가 출제되고 있다. 기능어의 경우에는 문장의 흐름에 맞는 문법요소나 어휘들이 출제된다고 생각하면 된다.

기출문제유형　次の文章は、三カ月前に日本に来た留学生のダニエルさんが、「電車通学をして気がついたこと」について書いた作文である。　1　から　5　の中に入る最もよいものを、１・２・３・４から一つ選びなさい。　2011-1회

東京の電車

シュミット ダニエル

　東京に来て、電車を使う人がとても多いのにびっくりしました。ラッシュアワーは、駅も電車も本当に混雑しています。最初は、人が多くて大変なのに、なぜみんなが電車を使おうとするのか不思議でした。しかし、東京に来て3カ月たって、その理由が　1　。

　まず、東京には、10種類以上の電車が走っていて、電車の駅は600以上あります。たくさん駅があるから、どこへでもいくことができます。　2　、電車が遅れることも少ないし、あまり待たなくてもすぐに次の電車が来ます。実際に私が使っている電車は、ラッシュアワーには3分に一本きます。　3　なら、みんなが使いたくなる気持ちもわかります。

　しかし、今でもわからないことが一つあります。東京では電車が次々来るから、電車の時間を気にして急ぐ必要はないはずです。ところが、駅の中や階段、ホームを、とても急いで歩いている人が多いです。私は、これが　4　わかりません。日本に長く住んでいたら、私も同じように　5　。留学生活が終わるころには、答えがわかるのかもしれないです。

1

1 わかって　くるはずです	2 わかって　いくそうです
✔3 わかって　きました	4 わかって　いったようです

2

1 したがって	2 つまり	3 たとえば	✔4 それから

□3

1 ある電車　　　　2 そこの電車　　　✓3 こういう電車　　　4 どちらかの電車

□4

1 答えなのか　　　✓2 なぜなのか　　　3 理由なのか　　　4 だれなのか

□5

✓1 なるのでしょうか　　　　　　　　2 なったでしょう

3 なってしますのです　　　　　　　4 なってしまいました

해석

> 도쿄에 와서 전철을 이용하는 사람이 너무 많은 것에 놀랐습니다. 러시아워에는 역도 전철도 몹시 혼잡합니다. 처음에는 사람이 많아서 힘든데 왜 모두들 전철을 이용하는지 이상했습니다. 그러나 도쿄에 와서 세 달이 지나니 그 이유를 ① 알게 되었습니다.
> 우선 도쿄에는 열 종 이상의 전철이 달리며 역은 600개 이상입니다. 많은 역이 있으므로 어디든지 갈 수 있습니다. ② 그리고 전철이 늦는 일도 적고 별로 기다리지 않아도 금방 다음 전철이 옵니다. 실제로 내가 이용하는 전철은 러시아워에는 3분에 한 대 옵니다. ③ 이와 같은 전철이라면 다들 사용하고 싶어지는 마음도 이해할 수 있습니다.
> 그러나 지금도 이해가 가지 않는 것이 하나 있습니다. 도쿄에서는 전철이 바로 오니까 전철 시간을 신경 써서 서두를 필요가 없을 것입니다. 그렇지만 역내나 계단 홈을 매우 급하게 걷는 사람이 많습니다. 그것이 ④ 왜인지 모르겠습니다. 일본에 오래 살면 저도 같아 ⑤ 지는 걸까요. 유학생활이 끝날 무렵에는 답을 알게 될지도 모르겠습니다.

□1

1 알게 될 것입니다.　　2 알아간다고 합니다.　　3 알게 되었습니다.　　4 알아간 것 같습니다

□2

1 따라서　　　　2 즉　　　　3 예를 들어　　　4 그리고

□3

1 어느 전철　　　2 그곳의 전철　　　3 이와 같은 전철　　　4 어느 쪽의 선철

□4

1 대답인 것인지　　　2 왜인지　　　3 이유인지　　　4 누구인지

□5

1 되는 것일까요　　　2 되었겠지요　　　3 되 버리는 것 입니다. 어　4 져 버렸습니다.

해설

□1 접속사「しかし」를 사이에 두고 앞문장에서는「〜不思議でした。しかし、〜이상했습니다. 그러나 〜」라고 되어 있기 때문에 추측 표현인「はず」와「よう」가 있는 선택지 1번과 4번은 오답이다. 그리고 다른 사람의 말을 전하는 것도 아니기 때문에 2번도 오답이다. 따라서 정답은 3번이다.

□2 공란 앞에 역이 많다는 이야기가 나오고, 공란 뒤에는 전철이 많다는 이야기가 나온다. 결론을 말하고 있지 않으므로 1번과 2번은 오답, 예를 드는 문장도 아니기 때문에 3번도 오답이다. 열거를 의미하는 4번이 정답이다.

□3 공란 앞에서 전철의 역이 많은 점, 늦지 않는 점 등 장점을 나열했다. 그 전철을 지칭하는 표현이 와야 하므로 정답은 3번이다.

□4 공란 앞에「それが 그것이」가 왔고, 공란 뒤에는 [わかりません° 모르겠습니다.]라는 말이 왔으므로 이유를 묻는 2번이 정답이다.

□5 공란 앞에「日本に長く住んでいたら 일본에 오래 살면」이라는 가정 문형이 있으므로 공란에는 과거형이 올 수 없다. 따라서 2번과 3번은 오답이다. 미래에 대한 추측이 와야 자연스러우므로 정답은 1번이다.

 (1) 지시어

대화를 할 때 지시대명사는 지시를 하는 대상이 화자의 주위에 있는 경우는 こ, 듣는
사람 주위에 있은 경우에는 そ, 화자와 듣는 사람 모두에게 멀리 있는 대상일 경우에
는 あ를 사용한다. 그러나 글의 경우에 지시어는 사용하는 방법이 조금 다르므로 주
의해서 대비해 두어야 한다.

a. 말을 가리키는 「こ〜」, 「そ〜」

① 앞 문장에서 나왔던 것을 가리킴 「こ〜」

先週木村さんという人に会った。その人は大学の先生だ。

지난 주에 기무라 씨라는 사람을 만났다. 그 사람은 대학교 선생이다.

② 「(もし)〜」의 문장인 경우 「そ〜」

もし新しいデータが出たら、すぐそれを報告しなければならない。

만약 새 데이터가 나왔다면 즉시 그것을 보고해야 한다.

③ XのY (순서, 위치, 소유 등) 「そ〜」

クレジットカードは会員とその家族しか使えない。

신용카드는 회원과 그의 가족밖에 사용할 수 없다.

④ 데이터나 인용문 「こ〜」

このグラフから、次のことが分かる。

이 그래프에서 다음 사항을 알 수 있다.

b. 문장 내용을 가리킴

① 「こ〜」나 「そ〜」는 하나의 말이 아니라 문장을 가리키는 경우도 있다.

父がカナダに転勤になった。そのとき、私は中学生だった。

아빠가 캐나다로 전근을 가게 되었다. 그때 나는 중학생이었다.

② 「このように(な)」와 같은 표현으로 문장 내용을 정리할 수도 있다.

(2) 접속사

a. 결과

① つまり 결국, 다시
② 結局 결국
③ そうすれば 그렇게 하면(㊟ そうしたら・そうすると)
④ それなら 그러하면
⑤ このようにして 이렇게 하여

b. 원인·결과

① したがって 따라서
② それで 그래서

③ そのため 그렇기 때문에
④ だから 그래서

c. 사실·과정

① すると 그러자, 그러면
② そこで 그런데, 한데
③ それで 그래서, 그런 까닭으로
④ それでは 그래서는
⑤ それなら 그렇다면
⑥ そしたら 그렇다면

d. 결론(이유)

① なぜなら 왜냐하면

e. 병렬·첨가

① また 또, 또한
② そのうえ 게다가
③ そこで 그런데
④ それに 게다가, 더욱이

f. 보충·추가

① ただ 다만, 단지(@ ただし)
② もっとも (무엇보다도) 가장
③ ちなみに 덧붙여 (말하면)

g. 대비·비교

① または 또는, 혹은, 그게 아니면(@ あるいは)
② それとも 그렇지 않으면
③ そのかわりに 그 대신에
④ 一方 한편
⑤ 逆に 도리어, 오히려

h. 예시

① たとえば 예를 들면

JLPT 기출 문법 체크

2015-1회

〜には　〜하기에는, 〜하기 위해서는	ついに　마침내
〜により　〜에 의해(원인, 이유)	〜うちに　〜(하는) 동안에
〜ようとする　〜하려고 한다	〜てくれ　〜해 줘
〜(さ)せてください　(나에게) 〜하게 해 주세요	いらっしゃいます　계십니다(いますの 존경 표현)
話(はな)せる　말할 수 있다	〜ように　〜대로
何(なに)ができるのか　무엇을 할 수 있는지	〜たことがある　〜한 적이 있다(경험)
〜たままでもいいかもしれません　〜한 채로라도 괜찮을지도 모른다	
あまりに　너무나	〜になるのに　〜가 되는데
まだ〜ていない　아직 〜해져 있지 않음(하지 않음)	〜にやめる　(기간) 안에 그만두다
〜ことから〜と呼(よ)ばれる　〜(근거, 유래) 때문에 〜라고 불린다	
〜も〜ない　〜도 〜없다(아니다)	〜が　〜지만

2015-2회

〜ほかに　〜외에, (그)밖에	〜によって　〜에 의해서
〜に比(くら)べて　〜에 비교해서	〜ことで　〜(함) 때문에
〜って　〜라고 하는(⊞ 〜という)	〜だって　〜라도(⊞ 〜ても)
〜なんか　〜따위, 〜등	どれだけ　얼마만큼
〜せい　〜탓	〜一方(いっぽう)だ　(계속) 〜하는 한편이다
〜(の)場合(ばあい)　〜의 경우	〜だったら　〜라면, 〜였다면
〜とすると　〜라면	〜はじめる　〜하기 시작하다
〜つづける　계속 〜하다	〜たい　〜하고 싶다
〜てほしい　(다른 대상이) 〜하길 바라다	ございます　있습니다(ありますの 존경 표현)
いたします　〜합니다(しますの 존경 표현)	〜ように　〜하도록(희망, 기원)
いらっしゃいます　오십니다, 가십니다, 계십니다(行(い)きます・来(き)ます・いますの 존경 표현)	
〜ぐらいしか(ない)　〜정도밖에 (없다)	〜も〜ない　〜도 〜없다(아니다)

~になるまで　~가 되기까지

의문사＋も　~도(전면부정)

~たがっている　~(하)고 싶어하고 있다(3인칭)

~つもりだ　~할 작정이다

~に違いない　~임에 틀림없다

~ておけばいい　~해 두면 좋다

~てしまう　~해 버리다

기간＋も　~씩이나

~ながら　~하면서

~にぴったりです　~에 딱 들어 맞습니다.

どうしてかというと~からです　왜냐하면 ~때문입니다.

2014-1회

~によって　(일, 사정)에 따라서(＋~いろいろだ 여러 가지다, ~が違う・異なる ~가 다르다)

~にとって　~에게

~において　~에서, ~에 있어서

~に比べて　~에 비해, ~와 비교해서

もちろん　물론

必ずしも＋부정 표현　꼭 ~인 것은 아니다

あまりにも　너무나(윤非常に)

~たり~たりする　~하거나 ~하거나 한다

명령형(え단／しろ／来い)　~해라

금지명령형(동사 기본형＋な)　~하지 마라

명사＋らしい　~답다

もう~ていなかった　이제 ~하지 않았다

~でございます　~입니다(~です의 존경 표현)

~がございます　~가 있습니다(~があります의 겸양 표현)

いたす　하다(する의 겸양 표현)

~ためなら　~을 위해서라면

~ぐらいまで　~정도까지

~ごろは~だろう　~쯤에는 ~겠지

~ぐらいに　~정도, ~쯤

手伝わされる　(어쩔 수 없이) 돕게 되다

~なくてもよければ　~없어도 좋다면

~ないように　~하지 않도록

~ようとして　~하려고 해서

どれも~ない　어느 것이나 다 ~아니다

いつか~かもしれない　언젠가 ~일지도 모른다

~た＋まま　~한 채로

~への~　~으로의 ~

~ことがある　~인 경우가 있다

~ところで　~하는 참에

~あとで　~(한) 후에

いくら~ても　아무리 ~해도

~ずに　~하지 않고(윤~ないで)

~たとき　~했을 때

~ことにしました　~(하)기로 했습니다

~にだけ　~에만

2014-2회

(形・色)をしている　(모양・색)을 하고 있다

~に比べて　~와 비교해서, ~에 비해

~たばかりなのに　~한 지 얼마 안 됐는데

ああ　저렇게(윤あのように)

次第に　점점(⟲ だんだん)　　　　　　　　〜んじゃなくて　〜인 것이 아니라

ご存知ですか　알고 계십니까(知っていますか의 존경 표현)

〜てほしい　〜하길 바란다　　　　　　必ず〜なくてはいけない　꼭 〜해야 한다

수량＋ずつしかない　〜씩밖에 없다　　　명사＋でも　〜든지

의문사＋でも　〜든지(전부)　　　　　　〜か不安だった　〜인지 불안했다

(ます형・형용사 어간)〜すぎる　지나치게 〜하다　　〜てしまう　〜해 버리다

〜てあげられなかった　〜해 줄 수 없었다.　　〜だけ　〜뿐, 〜만

(音・声・味・におい・かおり・気・感じ) がする　소리가 난다, 맛이 난다, 냄새가 난다, 느낌이 든다

いつの間にか〜だった　어느샌가 〜였다　　いつの間にか〜てしまった　어느샌가 〜해 버렸다

〜という　〜라고 하는, 〜라는　　　　　〜との　〜와의(대상)

〜にと　〜로　　　　　　　　　　　　〜へ(行く／来る／帰る)　〜로 (가다/오다/돌아가다)

〜への　〜에의(방향)　　　　　　　　〜に比べて　〜와 비교해서, 〜에 비해

〜として　〜로서　　　　　　　　　　〜にまで　〜에게까지

〜において　〜에서, 〜에 있어서　　　〜たら　〜라면 〜했더니

せっかく〜だから　모처럼 〜이기 때문에　　あんなに　그렇게

〜のに　〜하는데　　　　　　　　　　〜ましょうか　〜할까요

〜にございます　〜에 있습니다(〜にあります의 겸양 표현)

あいだ　사이　　　　　　　　　　　　〜てから　〜하고 나서

〜という　〜라는　　　　　　　　　　〜ときに　〜할 때에

〜では　〜에서는, 〜로는　　　　　　〜には　〜하기에는, 〜하기 위해서는

〜てもおかしくない　〜해도 이상하지 않다　　おかけになる　앉다(すわる의 존경 표현)

それほど〜ない　그만큼 〜아니다　　　〜ないように　〜하지 않도록

気がする　기분이 들다

〜を過す　(시간)을 보내다　　　　　　必ず〜てください　꼭 〜해 주세요

ああ言い方　저런 말투(⟲ あのような言い方)　　〜にとって　〜에게(＋大きな問題 큰 문제)

どんな〜たら〜だろうか　어떤 〜하면 〜을까　　出さないといけない　제출해야 한다

～(さ)せてあげたらどうですか　～하게 해 주면 어떻겠습니까(허락의 권유)

伺いたいんですが　묻고 싶습니다만

どこからでも見える　어디에서든 보인다

～なくて困る　～없어서 곤란하다

やりすぎるのもよくない　지나친 것도 좋지 않다

暗くならないうちに　어두워지기 전에

～(さ)れてくる　～되져 오다

まったく～ない　전혀 ～하지 않는다

決して～ない　결코 ～하지 않는다

～では　～로는

～によって　～에 의해서(원인, 수단, 방법)

기본형＋ようになる　(자연스럽게) ～하게 되다

기본형＋ことがある　(때때로) ～인 경우가 있다

どこまで　어디까지

どこへでも　어디에든

いただきたい　받고 싶다(もらいたい의 겸양 표현)

おかけになる　앉다(すわる의 존경 표현)

～において　～에서, ～에 있어서

～にして　～에 대해서

～に比べて　～에 비해, ～와 비교해서

～にとって　～에게

～でも　～라도

～では　～로는, ～에서는

～にも　～에게도

～には　～에게는

～だろうと思う　～할 것이라고 생각한다

～らしい　～답다

～つもりだ　～할 작정이다

～そうだ　～라고 한다

もし～としても　만약 ～라고 해도

こんなに　이렇게

～ば～ほど　～하면 ～할수록

思い出せる　떠올릴 수 있다

～なくて　～않아서

～ないで　～하지 않고(윤 ～ずに)

～まで　～까지(쪽)

～までに(は)　～까지(는) (일회성)

～にまで　～에게까지(대상)

～までで　～쯤에서(범위)

～でまで　～에서까지(장소)

～たり～たりする　～하거나 ～하거나 한다

これから～ところだ　이제 ～하려던 참이다

たぶん～と思う　아마 ～라고 생각한다

～たことがある　～한 적이 있다

もっとも～てみたい　가장 ～해 보고 싶다

～という　～라는

～ほど～はない　～만큼 ～는 없다(가장 좋다)

～と思う　～라고 생각한다

～中心に　～중심으로	たしかに～だ　확실히 ～이다
今にも～そうだ　금방이라도 ～할 것 같다	少しも～ない　조금도 ～아니다
すぐに～する　곧장 ～하다	まだ～ている　아직 ～하고 있다(진행)
もう～てある　이미 ~해져 있다(상태)	どう～か　어떻게 ~인지
～たらいい　~하면 좋다, ~하면 된다	いつまでも～てほしい　언제까지라도 ~하길 바란다
～しか～ない　~밖에 ~없다	～で～まで　~로 ~까지
～とだけ　~라고만 (+～伝える 전하다／～言う 말하다／～書かれている 써 있다)	
～にも　~에나	～ていただく　~해 받다(～てもらう의 겸양 표현)
さしあげる　드리다(あげる의 겸양 표현)	くださる　주시다(くれる의 존경 표현)
いらっしゃる　계시다(いる의 존경 표현)	～のに　~인데도
おっしゃる　말씀하시다	さっき～たばかりだ　조금 전 ~한 참이다
～ためにも　~위해서라도	～ておいてもらう　~해 놓아 주다
～だけでなく　~뿐만 아니라(윤 ～ばかりでなく)	～ないはずだ　~없을 것이다
～かもしれない　~일지도 모른다	～に/くなりそうだ　~가 될 것 같다
～と言われると　~라는 말을 들으면	～ことで　~것으로, ~일로
～しないでいるより　~하지 않고 있는 것보다	～ほうがいい　~하는 편이 좋다

可能動詞＋ように　~할 수 있도록	～ために　~하기 위해서
～ことに　~하게도	～みたいに　~처럼
～そうもない　~할 수 있을 것 같지도 않다	～ことで　~것으로, ~일로
いつか～たい　언젠가 ~하고 싶다(희망)	いつの間にか～てしまった　어느샌가 ~해 버렸다
～って　~라는 것, ~란	～がほしい　~을 갖고 싶다
これなんか　이것 따위는	～ほしがる　(제삼자가) 탐내다, 갖고 싶어 하다
～たいことがある　~하고 싶은 것이 있다	うかがう　찾아뵙다(訪問する의 겸양 표현)
いらっしゃる　계시다(いる의 존경 표현)	行かれる　가시다(行く의 수동형 – 존경 의미)
来られる　오시다(来る의 수동형 – 존경 의미)	～だらどう？　~하면 어때?
～だけで　~만으로	～までには　~까지는
～ようなら　~인 것 같다면	よさそうだ　좋아 보인다

いいそうだ　좋다고 한다	～ないほうがいい　～하지 않는 편이 좋다
ちっとも～ないで　조금도 ~않고	～によって　～에 따라서
どんなに・どれほど・なんと～ことか　얼마나 ~한 일인가	
ほかのにする　다른 것으로 하다	～てほしい　~해 주기를 바란다, ~해 주면 좋겠다
～という　~라고 하는	やらせてやりたい　~시켜주고 싶다

～として　~로서(입장, 자격, 명목)	～をする　~을 하다(모양, 색)
～という　~라고 하는, ~라는	～など　등, 따위
～なら　~하면, ~라면(가정)	～にしたがって　~에 따라서
～に比べて　~와 비교해서, ~에 비해서	～の一方で　~하는 한편으로
～のことで　~으로	～たところだ 막　~한 참이다
～させてください　~시켜 주세요	くださる　주시다(くれる의 존경 표현)
なさる　하시다(する의 존경 표현)	さしあげる　드리다(あげる의 겸양 표현)
いただく　받다(もらう의 겸양 표현)	～ような　~와 같은
～だけで　~만으로	～さえよければ ~만 좋다면
お見えになる 오시다	拝見する　보다, 읽다(見る・読む의 겸양 표현)
お目にかかる　뵙다(会う의 겸양 표현)	ご覧になる　보시다(見る・読む의 존경 표현)
～ことになる　~하게 되다(이미 결정된 사항)	～ことにする　~하기로 하다(내 결심)
～ようになる　~하게 되다(변화)	～ようにする　~하도록 하다(결정)

～っていう　~라고 말하다	～のたびに　~할 때마다
～ているうちに　~하는 동안에	～が～だけに　~가 ~인만큼
いつの間にか　어느샌가	～だろうと思って　~겠지라고 생각해서
そろそろ～ましょう(ませんか)　슬슬 ~합시다(하지 않겠습니까)	
だんだん～変わる　점점 변하다	ようやく＋가능 표현　겨우 ~할 수 있게 되다
ようやく～終わる　겨우 끝나다, 겨우 다 ~하다	～ことになっている　~하기로 되어 있다(결정)
～ように～言われる　~하라는 말을 듣다	～のあいだ　~하는 동안
ございます　있습니다(あります의 겸양 표현)	いらっしゃる　계시다(いる의 존경 표현)

おる　　있다(いる의 겸양 표현)	～だけにする　　～로만 하다
가능동사＋ようになる　　～할 수 있게 되다	～か　　～인지
～かどうか　　～인지 아닌지	～について　　～에 대해서, ～에 관해서
～させないでください　　～시키지 마세요	～いいのだろうが　　～(하는) 것이 좋겠지만
～たばかりだ　　～한지 얼마 안됐다	～ていらっしゃる　　～하고 계시다

今にも～そうだ　　금방이라도 ～할 것 같다	～予定だった　　～예정이었다
～ため　　～때문에, ～로 인해	お＋ます형＋いたす　　～하다(겸양 표현)
とうとう～になりました　　드디어 ～가 되었습니다	いくらだって・いくらでも　　얼마든지
～ているうちに　　～하는 동안에	～ていただけませんか　　～해 주시겠습니까
～はずがない　　그럴 리가 없다	～さえ　　～조차, ～마저
～ようになる　　～할 수 있게 되다	きっと～はずだ　　분명 ～할 것이다
もし～ければ　　만약 ～라면	たとえ～ても　　비록 ～일지라도
どうも～ようだ　　아무래도 ～인 것 같다	～てもらう　　～해 받다
大事にしまっておく　　소중히 넣어 두다	～たことで　　～한 것으로
気にするようになる　　신경을 쓰게 되다	～と比べて　　～에 비해, ～와 비교해서
もし～たら　　만약 ～라면	～てもいいです　　～라도 괜찮습니다

01 N3 기본 문법

(1) 수동형

a. 활용

① 1그룹 동사: 동사 어미를 あ단으로 바꾼 뒤 **れる**를 붙인다.

② 2그룹 동사: 동사 어미인 **る**를 떼고 **られる**를 붙인다.

③ 3그룹 동사: する는 **される**이고, 来る는 **来られる**이다.

b. 개념

① 말하는 사람 외의 사람이 하는 행위로 인해 영향을 받았을 때 사용한다. 그 행위로 인해 피해를 받았을 때는 '~당하다', 그 외의 경우에는 '~받다'라고 해석하면 된다.

バスで知らない人に足を踏まれた。 버스에서 모르는 사람에게 발을 밟혔다.

② 무생물이 주어일 때는 '~해지다, ~해지고 있다'의 의미로 쓰기도 한다. 구체적으로 행위를 하는 대상을 나타낼 때는 「(대상)によって～されている(~에 의해 ~되고 있다)」라고 쓴다.

この車は日本で作られています。 이 차는 일본에서 만들어지고 있습니다.

③ 행위를 하는 대상이 말하는 사람이 아니라 상대방 혹은 제삼자인 경우에 가벼운 존경의 의미를 갖는다.

その件についてはどう思われますか。 그 건에 대해서는 어떻게 생각하십니까?

(2) 사역형

a. 활용

① 1그룹 동사: 동사 어미를 あ단으로 바꾼 뒤 **せる**를 붙인다.

② 2그룹 동사: 동사 어미인 **る**를 떼고 **させる**를 붙인다.

③ 3그룹 동사: する는 **させる**이고, 来る는 **来させる**이다.

b. 개념

① '~하게 하다, 시키다'의 의미로 주어가 목적어에게 어떤 행위를 시킬 때 사용한다.

母は私を買い物に行かせました。 엄마는 나를 쇼핑에 가게 했습니다.

② 「驚かせる(놀라게 하다), 心配させる(걱정하게 하다), 笑わせる(웃게 하다), 楽しませる(즐겁게 하다)」 등과 같이 어떤 감정을 유발하는 경우에도 사용한다.

c. 활용 문형

사역형은 다른 문형으로 활용해서 출제되는 경우가 많으므로 같이 알아둔다.

～(さ)せてください (제게) ~시켜 주세요, ~하게 해 주세요

～(さ)せなければならない ~하게 하지 않으면 안된다, ~하게 해야 한다

③ ~(さ)せてくれる ~하게 해 주다(고마움)

「~(さ)せてくれる」는「考えさせてくれる(생각하게 해 주다), 笑わせてくれる(웃게 해 주다), 楽しませてくれる
(즐겁게 해 주다), 喜ばせてくれる(기쁘게 해 주다)」등과 같은 표현에 많이 쓴다.

(3) 사역수동형

a. 활용

① 1그룹 동사: 동사 어미를 あ단으로 바꾼 뒤 される를 붙인다. 단, す로 끝나는 동사는 あ단으로 바꾼 뒤
せられる를 붙인다.

② 2그룹 동사: 동사 어미인 る를 떼고 させられる를 붙인다.

③ 3그룹 동사: する는 させられる이고, 来る는 来させられる이다.

b. 개념

사역수동형은 말하는 사람이 상대방이나 제삼자에 의해서 어쩔 수 없이 어떤 행위를 했을 때 사용한다. '어쩔
수 없이 ~하게 되다'라는 뜻이며, 행위를 하게 만든 대상은 주로 말하는 사람에 비해 높은 위치에 있는 사람
이다. 다만 N3에서 사역수동형 문제가 출제될 때는 그 대상이 사람이 아니라 교통수단, 책, 영화 등인 경우가
많다. 「待たされる(어쩔 수 없이 기다리다), 考えさせられる(어쩔 수 없이 생각하다), 感動させられる(어쩔 수 없이 감동 받
다)」등과 같은 표현과 함께 출제된다.

(4) 가정 표현 と

a. 개념

「AとB」의 형태로 A를 하면 당연히 B라는 결과가 나올 때 사용한다. 「~と」는 주로 N4에서 출제되는 문형
이지만 N3에서도 나오는 경우가 종종 있기 때문에 정리해 둘 필요가 있다. 「Aと」뒤에는 반드시 B라는 정
해진 결과가 오는 탓에 시험문제에서는 답을 선택할 수 없으므로 정해진 틀 안에서 문제가 출제되는 경향을
보인다.

b. 「~と」를 쓰는 경우

계절 변화	秋になると、~。가을이 되면 ~.
연산 수칙	足すと 더하면, 引くと 빼면, かけると 곱하면, 割ると 나누면
길 안내	まっすぐ行くと、~。쭉 가면 ~. 右／左に曲がると、~。오른쪽 / 왼쪽으로 돌면 ~.
기계 조작	お金を入れると、~。돈을 넣으면 ~. ボタンを押すと、~。버튼을 누르면 ~.
습관	お酒を飲むと、~。술을 마시면 ~. (단, 습관은 절대적인 것이 아니므로 「~ば」나 「~たら」와 바꿔 쓸 수 있다.)

c. 그 외 용법

B에 과거시제가 오면 'A를 했더니 B였다'라는 의미로 쓰기도 한다. 이런 경우 A에는 행동, B에는 결과가 오
지만 인과관계가 드러나는 문장에는 쓰지 않는다. 최근 이러한 문제가 N3에서 자주 나오기 때문에 문제의 끝
에 과거형이 오지는 않았는지 살펴 두는 것이 좋으며 가정 표현 「~たら」와 바꿔 쓸 수 있다.

(5) 가정 표현 ば

a. 개념

「AばB」의 형태로 A를 하면 B가 될 때 사용한다. 「~ば」는 문어체 표현으로 주로 관용구나 속담에 쓴다. A라는 전제조건이 충족되어야 B라는 상황이 가능하다는 의미이기 때문에 B에는 부탁이나 권유를 나타내는 표현이 올 수 없다. 예를 들어 「あなたが行けば私も行きます。しかし、あなたが行かなければ私も行きません。 당신이 가면 나도 가겠습니다. 하지만 당신이 가지 않으면 나도 가지 않겠습니다.」라는 문장을 보면 이해가 쉬울 것이다. 다만 시험에서는 가정용법의 문제보다는 「~ば」를 활용한 문형 문제가 출제된 적이 더 많았으니 꼼꼼히 알아두자.

b. 「~ば」 활용 문형

どう~ば(たら)いいですか　어떻게 하면 좋겠습니까?

~ばよかったのに　~했으면 좋았을 텐데. (과거에 대한 후회, 유감)

~ばいいのに　~하면 좋을 텐데. (미래에 대한 후회, 유감)

~ば~ほど　~하면 ~할수록

~ばいい　~하면 좋다

(6) 가정 표현 たら

a. 개념

「AたらB」의 형태로 '만약 A라면 B일 것이다'라고 할 때 사용한다. 가정용법 「~と, ~ば, ~たら, ~なら」 중에서 가장 주관적이고 일반적이다. 따라서 우리가 일상생활에서 '만약 ~라면'이라고 가정하는 상황은 모두 「~たら」로 표현할 수 있다. 제약이 가장 없고 일상생활에서 흔히 접하는 표현이기 때문에 시험에서 자주 출제된다. 같이 쓰이는 부사나 표현과 함께 외워두면 좋다.

① 같이 쓰는 부사: もし(만약)

② 같이 쓰는 표현: ~てください(~해 주세요)

もし、60分泳いだら10分休んでください。 만약 60분 수영했다면 10분 쉬세요.

b. 그 외 용법

「~と」와 마찬가지로 뒤에 과거형이 오는 경우에는 'A를 했더니 B였다'라는 의미로 쓴다.

日本に着いたら、雨が降っていた。 일본에 도착했더니 비가 내리고 있었다.

(7) 가정 표현 なら

a. 개념

'A라면 B가 좋다'라고 충고나 권유, 추천할 때 주로 쓰는 가정 표현이다. 그런 까닭에 상대방의 이야기를 받아서 사용하는 경우가 많고 B에는 주로 「~たほうがいい(~하는 편이 좋다), ~ないほうがいい(~하지 않는 편이 좋다), 一番だ(가장 좋다)」 등과 같이 추천, 권유, 충고를 하는 표현이 온다. 단 な형용사의 경우 가정 표현 「~ば」와 활용 형태가 같다는 점을 알아두어야 한다.

001

〜間／〜間に　~동안(상태가 쭉 계속됨)/~동안(상태가 한시적으로 끝남)

沖縄旅行の間は、ずっと良い天気で毎日海岸で遊びました。

오키나와를 여행하는 동안은 쭉 좋은 날씨여서 매일 해안에서 놀았습니다.

木村先生の講義の間に次の講義のレポートを終わらせた。

기무라 선생님의 강의 동안에 다음 강의 리포트를 끝냈다.

002

〜一方／〜一方で／〜一方では　~한편/~한편으로/~한편으로는

彼は一生懸命勉強する一方、休日には思いきり遊ぶ。

그는 열심히 공부하는 한편 휴일에는 실컷 논다.

値上がりするものもある一方で２００円も値下げしたものもあった。

가격 인상하는 물건도 있는 한편으로 200엔이나 가격을 내린 물건도 있었다.

重大な仕事を任されてうれしかった。しかし一方では、負担でもあった。

중대한 일을 맡아서 기뻤다. 그러나 한편으로는 부담이기도 했다.

003

〜一方だ　(오직) ~하기만 하다

年を取るにつれて、悩みは増える一方だ。

나이가 들면서 고민은 늘어날 뿐이다

TIP 계속 진행되는 변화의 의미가 들어 있기 때문에「変わる 변하다, 増える 늘어나다, 減る 줄어들다, 上がる 올라가다, 下がる 내려가다, 高まる 높아지다, 広まる 넓어지다, なる 되다, 〜ていく ~해 가다, 〜てくる ~해 오다」등의 변화를 나타내는 동사와 같이 쓰는 경우가 많다.

004

〜うちに　~하는 동안

日本にいるうちに、もっと多くのところを旅行したい。

일본에 있는 동안에 좀 더 많은 곳을 여행하고 싶다.

あまり好きではなかった歌だけど、何回か歌っているうちに知らず歌詞を覚えてしまった。

그다지 좋아하지 않았던 노래이지만 몇 번인가 노래를 부르는 동안에 나도 모르게 가사를 외워 버렸다.

TIP 「〜うちに」는 '(상태가 유지되는) 동안에 (의지 표현)'과 '(행동을 거듭하는) 동안에 (변화가 일어남)'의 두 가지 의미로 쓰므로 앞뒤 문장을 잘 살펴서 의미를 파악해야 한다.

 〜ないうちに ~하기 전에

暗_{くら}くならないうちに帰_{かえ}ろう。
어두워지기 전에 돌아가자.

冷_さめないうちにどうぞ召_めし上_あがってください。
식기 전에 드셔 주세요.

キムさん、会_あわないうちに日本語_{にほんご}が上手_{じょうず}になりましたね。
김 씨, 만나지 않는 동안에 일본어가 능숙해졌군요.

TIP 「〜ないうちに」는 '(상태가 되기) 전에 (의지 표현)'과 '(행동을 하지 않는) 동안에 (변화가 일어남)'의
두 가지 의미로 쓰므로 앞뒤 문장을 잘 살펴서 의미를 파악해야 한다.

005 〜からには・〜上_{うえ}は・〜以上_{いじょう}は ~이상은

やるからには、最後_{さいご}までやるべきだ。
하려고 한 이상 끝까지 해야 한다.

受験生_{じゅけんせい}である以上_{いじょう}は、受験勉強_{じゅけんべんきょう}をしなければならない。
수험생인 이상은 수험 공부를 해야만 한다.

日本語_{にほんご}を勉強_{べんきょう}すると決_きめた上_{うえ}は、受験勉強_{じゅけんべんきょう}をしなければならない。
일본어를 공부해야겠다고 결정한 이상, 열심히 해야 한다.

TIP 「〜からには・〜上は・〜以上は」뒤에는 의무, 금지, 요구, 추량과 같은 강한 단정을 나타내는 「〜な
ければならない ~해야 한다, 〜てください ~해 주세요, 〜だろう ~일 것이다」등과 같은 표현이 자
주 온다.

006 〜しかない ~밖에 없다

この仕事_{しごと}が頼_{たの}める相手_{あいて}がいない。自分_{じぶん}でやるしかない。
이 일을 부탁할 상대가 없다. 스스로 하는 수 밖에 없다.

TIP 「〜しかない」는 '다른 방법이 없기 때문에 그럴 수밖에 없다'라는 의미로 쓴다. 「〜しか＋부정 표현(~
밖에 ~않는다)」의 문형과 혼동하지 않도록 주의해야 한다.

007 たとえ〜ても 비록 ~해도

たとえ合格_{ごうかく}しなくても、試験_{しけん}を受_うけてみよう。
비록 합격하지 못해도 시험을 쳐 보자.

私はプロの歌手だから、たとえ声が出なくても歌いつづける。

나는 프로 가수이므로 설령 목소리가 나오지 않더라도 계속 노래를 부를 것이다.

TIP 「たとえ〜とも・としても・にしても・にせよ・にしろ」의 형태로 출제되는 경우도 있으므로 같이 알아두자.

008　いくら・どんなに〜ても　아무리 〜해도, 아무리 〜라도

いくら探しても、見つけられませんでした。

아무리 찾아도 찾을 수가 없었습니다.

どんなに高くても、いいものであれば買いたいです。

아무리 비싸더라도 좋은 물건이라면 사고 싶습니다.

009　〜おかげで／〜おかげだ　〜덕분(덕택)에/〜덕분(덕택)이다

試験に合格できたのは、先生のおかげだ。

시험에 합격할 수 있던 것은 선생님 덕분이다.

先生のおかげで、合格しました。

선생님 덕분에 합격했습니다.

TIP 좋은 결과가 나와서 감사하는 마음을 담는 문형이다.

010　의문사＋か　〜가

だれかいい人がいたら紹介してもらえますか。

누군가 좋은 사람이 있으면 소개 받을 수 있을까요?

何か怪しいところがあったら私に連絡してください。

뭔가 수상한 점이 있으면 저에게 연락해 주세요.

비교문법 ● 〜かどうか 〜인지 어떤지, 〜인지 여부
デジタルカメラの貸し出しを希望するかどうかお申し込みください。

디지털 카메라 대여를 희망하는지 여부를 신청해 주세요.

TIP 「〜かどうか」는 「〜か〜ないか」의 의미로 '〜했는지 〜안 했는지' 자체의 여부가 명확하지 않기 때문에 의문사와 같이 쓸 수 없다는 사실에 주의해야 한다.
明日何時に来るかどうか分かりません。（X）

011

～がっている　　～하고 있다

難しい試験に合格したので、彼女はうれしがっていた。
어려운 시험에 합격했기 때문에 그녀는 기뻐하고 있었다.

田中さんはいつも昔を懐かしがっている。
다나카 씨는 항상 옛날을 그리워한다.

TIP 부정 표현을 만들 때에는「～がっていない」가 아니라「～がらない」라고 해야 한다.「～たい／ほしい」와 관련된 문제에 오답으로 출제된다.

～かもしれない　　～일지도 모른다

今はもう驚かないかもしれない。
이제는 더 놀라지 않을지도 모른다.

もう申し込んだかもしれないし、まだかもしれません。
벌써 신청했을지도 모르고 아직일지도 모릅니다.

～から～にかけて　　～부터 ~에 걸쳐서

年末から年初にかけて長い休暇をとりました。
연말부터 연초에 걸쳐서 긴 휴가를 받았습니다.

TIP 시간과 장소의 대체적인 범위를 나타낸다.「～から～まで ~부터 ~까지」가 경계가 명확한 것을 나타내는 네 비해「～から～にかけて」는 막연한 시간과 공간을 의미한다.
朝9時から夜6時まで開いています。
아침 9시부터 6시까지 열려 있습니다.
朝方から夕方にかけて営業しています。
아침부터 저녁까지 영업합니다.

비교문법 ● ～にかけては／～にかけても　~에 있어서는, ~만큼은/~에 있어서도
作ることはできないが、食べることにかけてはだれにも負けない。
만들지는 못해도 먹는 것만큼은 누구에게도 지지 않는다.

TIP「～かけて」뒤에「は」나「も」라는 강조 조사만 붙여도 전혀 다른 의미로 사용되기 때문에 주의해야 한다. 객관적인 판단이 가능한 사실에 대해서만 사용할 수 있다.

～かわりに　　～대신에

入院した母のかわりに、いとこの結婚式に参加します。
입원한 엄마 대신에 사촌 결혼식에 참석합니다.

ノートを貸してもらったかわりに、昼ご飯をごちそうしよう。
노트를 빌려준 대신에 점심을 대접하겠다.

TIP '물건 – 대체', '사람 – 대리'의 의미로 출제되는 경우가 대부분이지만 간혹 '보상, 보답'의 의미로 출제
되는 경우도 있다.

田中さんに日本語を教えるかわりに、英語を教えてもらった。
다나카 씨에게 일본어를 가르치는 대신에 영어를 배웠다.

유사문법 ● ～にかわって / ～にかわり　～를 대신해서

今週末は母にかわって親戚の結婚式に出席しました。
이번 주말은 엄마를 대신해서 친척 결혼식에 참석했습니다.

～くせに　　～이면서, ~주제에

何も知らないくせに、全部分かったような口をきくんじゃないよ。
아무것도 모르는 주제에 전부 아는 것처럼 말하지 마.

～くらい・～ぐらい／～くらいだ・～ぐらいだ　　～정도, ~만큼/~정도다

A社の商品が腰の痛めにどのくらい効果ありますか。
A사의 상품이 허리 통증에 어느 정도 효과 있습니까?

たくさん買ったので一つぐらい負けてくださいよ。
많이 샀으니까 하나 정도 싸게 주세요.

TIP 「いくら～ても　아무리 ~하더라도」 문형과 같이 쓸 때는 가벼운 정도를 나타내므로 주의해서 알아두자.

かばんがいくら高くてもこのぐらいは買える能力がある。
가방이 아무리 비싸도 이 정도는 살 수 있는 능력이 있다.

017

～ことか　　(얼마나) ~했던가

野菜を育てることが、どれほど難しいことかやっと分かりました。
채소를 기르기가 얼마나 어려운지 겨우 알았습니다.

TIP 「ことか」는 '얼마나'의 뜻을 가진 부사 「どんなに・どれほど・なんと」와 자주 출제된다.

018 ~ことができる　~할 수 있다

機械をうまく扱うことができる人がうらやましいです。
기계를 잘 다룰 수 있는 사람이 부럽습니다.

今年、大学に入学することができて、とてもうれしいです。
올해 대학에 입학할 수 있게 되어서 매우 기쁩니다.

019 ~ことがある　~하는 경우가 있다

以前からあった商品が、急によく売れるようになることがある。
이전부터 있던 상품이 갑자기 잘 팔리게 되는 경우가 있다.

TIP　「時々 때때로, たまに 간혹」등과 같은 부사와 자주 쓴다.

유사문법 ● ~こともある ~하는 경우도 있다
発売から何年もたった製品が、また売れ出すようになることもある。
발매한 지 몇 년이나 지난 제품이 또 팔리기 시작하게 되는 경우도 있다.

020 ~ことだ　~하는 것이 중요하다

上手になるためには自分でやってみることだ。
능숙해지기 위해서는 스스로 해 보는 것이 중요하다.

健康になりたければ、毎日運動することだ。
건강해지고 싶으면 매일 운동하는 것이 중요하다.

TIP　'목적이 있으면 ~하는 것이 중요하다'라고 충고를 하는 표현이기 때문에 「~ためには ~를 위해서는,
~なら ~라면」와 같은 표현과 자주 출제된다.

021 ~ことで　~때문에, ~으로

引っ越すことで頭が痛いです。
이사하는 것 때문에 머리가 아픕니다.

私が木村さんの秘密を話したことでけんかになりました。
제가 기무라 씨의 비밀을 이야기한 것 때문에 싸움이 났습니다.

中村さんの頭の内容は、来月の結婚のことでいっぱいです。
나카무라 씨의 머릿속은 다음 달에 하는 결혼에 관한 것으로 가득입니다.

022

～ことに・～ことには　　～(하)게도

残念なことに試験に合格できませんでした。
유감스럽게도 시험에 합격할 수 없었습니다.

驚いたことにはみんな静かだった。
놀랍게도 모두 조용했다.

TIP 감정을 표현하는 형용사 뒤에 붙어서「不思議なことに 신기하게도, 残念なことに 유감스럽게도, うれしいことに 기쁘게도, 驚いたことに 놀랍게도, 困ったことに 난감하게도」등으로 많이 쓴다.

～ことにする　　～하기로 하다(자기 결심, 자기 결정)

健康のために明日からジムに通うことにしました。
건강을 위해서 내일부터 헬스클럽에 다니기로 했습니다.

郊外に出かけるために免許を取ることにしました。
교외에 나가기 위해서 면허를 따기로 했습니다.

비교문법 ● ① ～ことにしている　～하기로 하고 있다, ~할 것이다
友だちを招待するために料理を学ぶことにしています。
친구를 초대하기 위해서 요리를 배울 것입니다.

② ～ことになる　～하게 되다
全生徒は講堂で集まることになりました。
전 학생은 강당에서 모이게 되었습니다.

③ ～ことになっている　～하게 되어 있다
今日は6時に駅前で父と会うことになっている。
오늘은 6시에 역 앞에서 아빠와 만나기로 되어 있다.
公務員試験は来月受けることになっています。
공무원 시험은 다음 달에 치기로 되어 있습니다.

024

～最中に／～最中だ　　한창 ~중에, ~가 한창일 때/~가 한창이다

会議の最中に、携帯電話が鳴ってしまった。
회의가 한창일 때 휴대전화가 울리고 말았다.

彼女は勉強ができる静かなカフェを探している最中だ。
그녀는 공부를 할 수 있는 조용한 카페를 한창 찾는 중이다.

025
～を中心に　　～을 중심으로

この研究は、A大学の鈴木先生を中心に行われています。
이 연구는 A대학의 스즈키 선생님을 중심으로 실시되고 있습니다.

026
～さえ・～すら　　～조차

新聞にふりがながついて、小学生でさえ読めるようになった。
신문에 한자 읽는 법이 달려서 초등학생조차 읽을 수 있게 되어 있다 .

비교문법 ● ～さえ～ば (최소한) ~만 ~하면
カップラーメンはお湯を入れて３分さえ待てば食べられます。
컵라면은 뜨거운 물을 넣고 3분만 기다리면 먹을 수 있습니다.

027
～次第(に)　　～하는 대로 (바로)

移り次第に早く仕事について把握します。
옮기는 대로 빨리 업무에 대해 파악하겠습니다.

TIP 「～次第(に)」는 동사 ます형에 접속하며, 문형 뒤에는 '~하자, ~할 작정이다(의지), ~해 주세요(요청),
~합시다(권유)' 등과 같은 표현이 온다.

028
～させてください　　(나에게) ~시켜 주세요, ~하게 해 주세요

私に二つの質問をさせてください。
나에게 두 가지 질문을 하게 해 주세요.

今度の大阪出張はぜひ私に行かせてください。
이번 오사카 출장은 꼭 제가 가게 해 주세요.

先生、今度の発表は私にさせてください。
선생님, 이번 발표는 제게 시켜주세요.

비교문법 ● ～(さ)せないでください。　(내게) ~시키지 마세요, ~하게 하지 마세요

もう、びっくりさせないでくださいよ。
더 이상 놀라게 하지 마세요.

TIP 특히「心配させないでください 걱정시키지 마세요, 期待させないでください 기대하게 만들지 마
세요, がっかりさせないでください 실망시키지 마세요」등과 같은 표현들로 자주 출제된다.

029

～しか～ない　　～밖에 ～않다

少(すこ)ししか使(つか)っていない鍋(なべ)です。

조금밖에 사용하지 않은 냄비입니다.

箱(はこ)の中(なか)にはりんごが３つしか入(はい)っていなかった。

상자 속에는 사과가 세 개밖에 들어 있지 않았다(세 개만 들어 있다).

TIP 부정의 형태를 취하지만 긍정의 의미를 담고 있으므로 해석에 주의해야 한다.

～のに　　～인데도

まだまだ子(こ)どもだと思(おも)っていたのに、明日(あした)とうとう大学生(だいがくせい)になります。

아직 아이라고 생각하고 있었는데 내일 드디어 대학생이 됩니다.

昨日(きのう)も残業(ざんぎょう)させられたのに、今日(きょう)もまた残業(ざんぎょう)させられました。

어제도 어쩔 수 없이 야근을 해야 했는데 오늘도 또 야근을 해야만 했습니다.

今日(きょう)は休日(きゅうじつ)なのにまた会社(かいしゃ)に行(い)かなければなりません。

오늘은 휴일인데 또 회사에 가지 않으면 안됩니다.

TIP 「せっかく～なのに 모처럼 ～인데」의 형태로 자주 사용된다.

～ずつ　　～씩

会議(かいぎ)がもう始(はじ)めていたので、一人(ひとり)ずつ静(しず)かに入(はい)りました。

회의가 이미 시작해 있었기 때문에 한 명씩 조용히 들어갔습니다.

TIP ① １００円(えん)がある。 100엔이 있다.
② １００円(えん)がない。 100엔이 없다.
③ １００円(えん)もある。 100엔이나 있다.
④ １００円(えん)もない。 100엔도 없다.(윤 お金(かね)がない)
⑤ １００円(えん)だけある。 100엔만 있다.
⑥ １００円(えん)しかない。 100엔밖에 없다. (윤 100円(えん)だけある)
⑦ １００円(えん)ずつある。 100엔씩 있다.

〜せいだ／〜せいで／〜せいか　　~탓(때문)이다/~탓(때문)에/~탓(때문)인지

雨のせいで試合は中止された。
비 때문에 시합은 중지되었다.

年を取ったせいか、最近物忘れがひどくなった。
나이를 먹은 탓인지 최근 건망증이 심해졌다.

TIP 어떤 일을 남의 탓으로 돌릴 때 「〜せいにする(탓으로 하다)」의 형태로 쓰는 경우도 있으므로 같이 알아두자.

033

〜たい　　~하고 싶다

友人に子どもが生まれたので、お祝いに何か贈りたいと思っています。
친구에게 아이가 태어났기 때문에 축하 선물로 무엇인가 보내고 싶다고 생각하고 있습니다.

旅行に行きたかったのに、お金がなくて行けませんでした。
여행을 가고 싶었는데 돈이 없어서 가지 못했습니다.

TIP 동사에 「〜たい」를 접속한 후에는 「〜たく ~하고 싶어서 / 〜たくない ~하고 싶지 않다 / 〜たかった 하고 싶었다」와 같이 い형용사 활용을 하는 것에 주의하자.

비교문법 ● ① 〜たがる　~하고 싶어하다

弟は何でも自分が最初にしたがるので、問題だ。
남동생은 무엇이든지 자신이 먼저 하고 싶어 하기 때문에 문제이다.

子どもが旅行に行きたがっていたので、無理して休みをとりました。
아이가 여행을 가고 싶어했기 때문에 무리해서 휴가를 받았습니다.

> **TIP** 「〜たがる」는 い형용사로 활용되는 「〜たい」를 동사로 만들어서 활용하는 것이기 때문에 감정을 행동화하는 표현이다. 제삼자의 감정을 표현할 때 주로 사용한다.

② 〜がほしい　~을 갖고 싶다
高い車がほしければ、お金をためたらどう。
비싼 차를 갖고 싶다면 돈을 모으는 것이 어때?

034

〜たことがある　　~한 적이 있다

デジタルカメラを使ったことがある方もない方も満足いただけます。
디지털 카메라를 사용한 적이 있는 분도 없는 분도 만족하실 겁니다.

비교문법 ● 〜たことがない　~한 적이 없다
父は私にそんな話は聞いたことがないと怒鳴りました。
아빠는 나에게 그런 이야기는 들은 적이 없다며 호통을 치셨습니다.

 경험의 유무를 묻는 경우「~たことがある/ない」문형을 사용해서 대답하기도 하지만「一回だけあ<ruby>一回<rt>いっかい</rt></ruby>ります(한 번만 있습니다)」와 같이 횟수로 대답하기도 한다.

---

035 ～だけ・～ばかり　~만

秋や冬にだけ売られるお菓子もあるそうです。
가을이나 겨울에만 팔리는 과자도 있다고 합니다.

母はドラマばかり見ています。
엄마는 드라마만 보고 있습니다.

木村さんは日本語だけ話せます。
기무라 씨는 일본어만 할 수 있습니다.

 「～だけ」는 '오직'이라는 의미가 강하기 때문에 '행동'에는 쓰지 않으며, 「～ばかり」는 '대부분'이라는 느낌을 갖고 있기 때문에 '시간'을 나타내는 표현과는 함께 쓰지 못하므로 주의해야 한다.
午前ばかり遊べます。(×) → 午前だけ遊べます。　오전만 놀 수 있습니다.
居眠りだけしています。(×) → 居眠りばかりしています。　앉아서 졸고만 있습니다.

---

036 ～だけでなく　~뿐 아니라

夫と息子は顔だけでなく声までそっくりです。
남편과 아들은 얼굴뿐 아니라 목소리까지 닮았습니다.

 「～ばかりでなく」도「～だけでなく」와 같은 의미로 쓰니 함께 외워 두자.

---

037 ～たり～たり　~하거나 ~하거나

人に聞いたり、本や雑誌、インターネットなどで調べたり、いくらでも方法はある。
다른 사람에게 묻거나 책이나 잡지, 인터넷 등에서 찾아보거나 얼마든지 방법은 있다.

友たちに会ったりカラオケで歌ったりしてストレスがなくなりました。
친구를 만나거나 노래방에서 노래를 부르거나 해서 스트레스가 없어졌습니다.

039 ～ても(～でも)　~라도, ~해도

久しぶりに会ったんだから、お茶でもしませんか。
오랜만에 만났으니 차라도 마시지 않겠습니까?

大学生活で困ったことがあったら、学校のこととか、何でも相談してください。
대학생활에서 곤란한 일이 있으면 학교 일이든지 뭐든지 상담해 주세요.

何回聞いても彼の話は理解できません。
몇 번 들어도 그의 이야기는 이해할 수 없습니다.

비교문법 ● ① たとえ～ても　비록 ~해도, 비록 ~라도
もしけがをしていなければ、4人目に使いたかったが、たとえそうしたとしても勝つことは
できないと思うよ。
만약 부상을 입지 않았더라면 네 번째로 쓰고 싶었지만 비록 그렇다고 할지라도 이길 수는 없었을 거야.

② もし～ても　만약 ~해도, 만약 ~라도
もし彼が来なくてもこのまま仕事は進めていくしかないと思う。
만약 그가 오지 않더라도 이대로 일은 진행해 갈 수밖에 없다고 생각해.

040 ～とおりに・～どおりに　~대로

彼は40代にもなってまだ何でも自分の思うとおりにしようしている。
그는 40대나 되어서도 아직도 무엇이든 자신이 생각하는 대로 하려고 한다.

言われたとおりに作ってみました。
말한 대로 만들어 봤습니다.

TIP 자주 쓰는 관용 표현으로「おっしゃるとおりに 말씀하신 대로, おっしゃったとおりに 말씀하셨던
대로」가 있다.

041 ～た方がいい／～ない方がいい　~하는 편이 좋다/~하지 않는 편이 좋다

あやしい時はもう一度確認した方がいいです。
수상할 때는 한 번 더 확인하는 편이 좋습니다.

体に悪いからタバコは吸わない方がいいです。
몸에 나쁘기 때문에 담배는 피지 않는 편이 좋습니다.

042

～って　　~라고

木村君は今日、休むって言いました。
기무라 군은 오늘 쉰다고 말했습니다.

TIP 「言う 말하다, 思う 생각하다, 書く 쓰다」 등의 동사와 같이 쓰는 경우가 많다. 「～って」 대신 「～と」를 써도 된다.

TIP 「～という ~라고 하는, ~라는」의 축약형으로 쓰일 때도 있다.
田中って人を知っていますか。
다나카라는 사람을 압니까?

～つもりだ　　~할 작정(생각, 예정)이다

最後の日に先生にお礼のプレゼントを差し上げるつもりです。
마지막 날 선생님께 감사 선물을 드릴 작정입니다.

天気がよくなったので、ドライブに行くつもりです。
날씨가 좋아졌기 때문에 드라이브를 갈 생각입니다.

TIP 만약 「～つもりだった」와 같이 과거형으로 출제된 경우에는 '현재 의도와 달리 원래는 ~할 예정이었다'의 의미로 쓰인 것이므로 주의해야 한다.

유사문법 ● ～予定だ　~할 예정이다
来年の今ごろは大学が建つ予定です。
내년 이맘때에는 대학이 세워질 예정입니다.

～て以来　　~한 이래

彼女とは1年前に会って以来、一度も会っていない。
그녀와는 1년 전에 만난 이래 한 번도 만나지 않았다.

～てから　　~하고 나서

もう一度、確認してからこちらからご連絡いたします。
한 번 더 확인하고 나서 저희 쪽에서 연락 드리겠습니다.

TIP 청해에서는 「～てから」와 비슷한 의미로 「～たら(~했다면)」를 쓰기도 하므로 잘 알아두자.

〜てほしい　　～하길 바란다

会社の近くで、いい歯医者を知っていたら教えてほしいです。

회사 근처에 좋은 치과를 알고 있다면 알려 주길 바랍니다.

TIP　「〜てほしい」와 비슷한 의미로「〜てもらいたい」를 쓸 수도 있다.

〜てもいい　　～해도 좋다

質問されたら教えてあげてもいいです。

질문 받으면 가르쳐 주어도 됩니다.

高い車を買ってもいいですけど、払えるか考えてみてください

비싼 차를 사도 되지만, 지불할 수 있는지 생각해 보세요.

비교문법 ● ① 〜なくてもいい　～하지 않아도 좋다

いい成績を取れなくてもいいので、娘には得意なことをやらせたい。

좋은 성적을 받지 않아도 되기 때문에 딸에게는 잘하는 것을 시키고 싶다.

忙しくないので、間に合わなくてもいい。

바쁘지 않기 때문에 제시간에 안 와도 괜찮다.

明日の夕飯は私一人で作りますので手伝ってくれなくてもいいです。

내일 저녁은 저 혼자서 만들 테니 도와주지 않아도 됩니다.

② 〜なくてはいけない　～하지 않으면 안 된다, ～해야 한다

必ず今日中に作らなくてはいけない会議の資料のことをすっかり忘れていた。

꼭 오늘 중으로 만들어야 하는 회의 자료를 깜박 잊고 있었다.

〜てもかまわない　　～해도 상관없다

今度のポスターには何を使ってもかまいません。

이번 포스터에는 무엇을 사용해도 상관없습니다.

カードを持っているから、切符は買わなくてもかまわない。

카드를 가지고 있으니까 표는 사지 않아도 상관없다.

비교문법 ● 〜てはいけない / 〜てはならない　～해서는 안 된다, ～하면 안 된다

この場所に駐車してはいけません。

이 장소에 주차를 하면 안 됩니다.

この部屋は関係者以外の人は入ってはいけません。

이 방은 관계자 이외의 사람은 들어오면 안 됩니다.

明日は大事な約束があるので寝坊してはならない。

내일은 중요한 약속이 있기 때문에 늦잠을 자면 안 된다.

〜ということだ　　〜라는 이야기(내용)이다.

ニュースでは４月から水道料金が上がるということだ。

뉴스에 따르면 4월부터 수도 요금이 오른다는 이야기다.

TIP 전문을 나타내는 「〜そうだ 〜라고 한다」와 비슷한 의미이기 때문에 앞에 정보 출처를 나타내는 「〜에 의하면, 〜によれば, 〜では 〜에 따르면」과 같이 자주 출제된다.

050

〜ようと思う　　〜하려고 생각하다

もう少しお金がたまったら、旅行に行こうと思います。

좀 더 돈이 모이면 여행을 가려고 생각합니다.

TIP 앞에는 동사 의지형이 오기 때문에 「보통형＋思う 〜라고 생각하다」와 구분해서 알아두어야 한다.

유사문법 ● 〜ようとする 〜하려고 한다

彼女は何でも自分からやってみようとする積極的な人だ。

그녀는 뭐든지 스스로 해 보려고 하는 적극적인 사람이다.

〜とか　　〜라든지 / 〜라던가

先生とか公務員とか安定的な仕事がしたいです。

선생이라든지 공무원이라든지 안정적인 일을 하고 싶습니다.

だれかがお金持ちになったとか偉い人になったとか、そんな話は聞きたくありません。

누군가가 부자가 되었다든지 대단한 사람이 되었다든지 같은 말은 듣고 싶지 않습니다.

〜させられる　　(어쩔 수 없이) 〜하다

最近、長い間働いた会社を辞めさせられる人が増えているそうです。

최근 오랜 기간 일했던 회사를 어쩔 수 없이 그만두어야 하는 사람이 늘고 있다고 합니다.

子どものとき、よく母に家の掃除をさせられました。

어렸을 때 자주 엄마 때문에 어쩔 수 없이 청소를 하게 되었습니다.

TIP 원하지 않지만 억지로 한다는 느낌이 강하게 드러난다.

〜どころか　　~은커녕

日本語を６カ月も勉強したのに、漢字どころかひらがなも書けない。

일본어를 여섯 달이나 공부했는데 한자는커녕 히라가나도 못 쓴다.

走るどころか歩くこともできない。

달리는 것은커녕 걷는 것도 불가능하다.

〜ところだ　　(~할, ~하고 있던, ~한) 참이다.

今ちょうど昼ご飯を食べたところです。

지금 막 점심밥을 먹었습니다.

今ちょうど出かけるところです。

지금 막 외출하려던 참입니다.

TIP '지금 막 ~하려는, 한참 ~하고 있는, 막 ~한 후'의 타이밍을 강조하는 문법이기 때문에 「今ちょうど 지금 막」이라는 부사와 같이 쓰는 경우가 많다.

055

〜として　　~로서

この講演に先生として招待されました。

이 강연에 선생님의 자격으로 초대 받았습니다.

この近くで部屋を借りるには、毎月の家賃として５万円は必要です。

이 근처에서 방을 빌리려면 매월 집세로 5만 엔은 필요합니다.

TIP 「〜として」 앞에는 「役割 역할, 立場 입장, 資格 자격, 名目 명목」 등을 나타내는 명사가 주로 온다.

〜ないで　　~하지 말고, ~하지 않고

当日この券を忘れないで持参してください。

당일에 이 티켓을 잊지 말고 지참해 주세요.

昨日は旅行先を決まらないで、寝てしまいました。

어제는 여행지를 정하지 않고 자 버렸습니다.

電車に乗り換えずに、そのまま行きました。

전철로 갈아 타지 않고 그대로 갔습니다.

TIP 「〜ずに」의 형태로 쓰기도 한다. 또한 「〜ないで/ずに」는 동사를 활용할 때만 쓸 수 있다는 점에 주의해야 한다. い형용사, な형용사, 명사는 「〜なくて(~하지 않고, ~하지 않아서)」로 활용할 수 있다.

～直す　다시 ~하다

昨日まではがっかりしましたが、今日から気を取り直しました。
어제까지는 축 처져 있었지만 오늘부터 마음을 다잡았습니다.

まちがえたときは消せないのでもう一度別のかみに書き直さなければならない。
틀렸을 때에는 지울 수 없기 때문에 다시 한 번 다른 종이에 써야만 한다.

～ながら　～하면서

この町では歩きながらタバコを吸ってはいけないことになっている。
이 마을에서는 걸으면서 담배를 피우지 못하게 되어 있다.

夫婦はカレンダーを見ながら、旅行の計画を立てています。
부부는 달력을 보면서 여행 계획을 세우고 있습니다.

なぜ・どうして～かというと、～からです　왜 ~인가하면 ~이기 때문입니다

なぜ最近野菜が値上がりしているかというと、天候が不順だったからです。
왜 최근에 채소 가격이 오르느냐면 날씨가 좋지 않았기 때문입니다.

どうしてこの文が正しくないかというと、動詞の形が違っているからです。
왜 이 문장이 바르지 않으냐면 동사 형태가 틀렸기 때문입니다.

なぜ日本人のパーティーに行きたくないかというと、無理にお酒を飲まされるからです。
왜 일본인 파티에 가고 싶지 않으냐면 무리하게 술을 마시게 되기 때문입니다.

060

～など・～なんか・～なんて　~등, ~같은 것, ~따위

たこが入っていないたこ焼きなんか、食べたくもない。
문어가 들어 있지 않은 다코야키 따위 먹고 싶지도 않다.

３年も勉強を続けてきた。もう勉強なんてやりたくもない。
3년이나 공부를 계속해 왔다. 더 이상 공부 따위 하고 싶지 않다.

TIP 「など」の경우 어휘를 나열한 후 '~등'의 의미로 쓰는 경우도 있기 때문에 문장 내용을 잘 파악하자. 더불어 「なんて」는 문말에 와서 '~하다니' 하고 깜짝 놀랄 때 쓰기도 하고, 「なんか」 역시 「など」와 마찬가지로 '~등'의 의미로 쓰는 경우가 있으니 잘 알아두자.

061

～において　　~에서, ~에 있어서

やま だ
山田さんの結婚式は東京ホテルにおいて、行われます。
야마다 씨의 결혼식은 도쿄 호텔에서 실시됩니다.

親において自分の子どもを愛することは同然なことだ。
부모에게 자신의 아이를 사랑하는 것은 당연한 일이다.

TIP　「～において」 앞에는 장소나 때, 입장을 표현하는 어휘가 자주 온다. 예를 들어 「現代 현대, 過去 과거, 21世紀 21세기」와 같은 어휘를 많이 쓴다.

062

～に加えて　　~에다가, ~뿐만 아니라

明日は数学テストに加えて、英語のテストもするので大変だ。
내일은 수학 시험에다가 영어 시험도 있기 때문에 큰일이다.

７月からは平日に加えて休日も営業いたします。
7월부터는 평일 뿐만 아니라 휴일도 영업합니다.

TIP　「加える」에는 '더하다'라는 의미가 있지만 '숫자'를 더할 때는 「足す」라는 동사를 사용해야 한다.

063

～すぎる　　너무 ~하다

昨日は話しすぎて、のどが痛いです。　어제는 말을 너무 많이 해서 목이 아픕니다.

彼は、まじめすぎて話しかけにくいです。　그는 너무 성실해서 말을 걸기 어렵습니다.

TIP　「食べすぎる(과식하다)／飲みすぎる(과음하다)」 등과 같은 표현으로 자주 쓰지만 시험에서는 형용사를 활용하는 문제가 많이 출제되고 있다.

064

～に比べて　　~에 비하여, ~와 비교하여

授業料に比べて内容はあまりよくないと思います。
수업료에 비해 수업 내용은 별로 좋지 않다고 생각합니다.

TIP　「～に比べて」는 「～に比べると」의 형태로 출제되기도 하므로 둘 다 알아두자.

～に従って　　~에 따라서

担当者の指示に従って、動いてください。
담당자의 지시에 따라서 움직여 주세요.

最初は心配だったが、同じ動作を繰り返すに従って、少しずつ自信がついてきた。
처음에는 걱정이었지만, 같은 동작을 반복하면서 조금씩 자신이 생겼다.

～にかかわらず　　~에도 불구하고, ~에 관계없이

天気にかかわらず、みんな明日の午後2時に集合します。
날씨에 관계없이 모두 내일 오후 2시에 집합하겠습니다.

今日は試験が終わったので、成績にかかわらず、ゆっくり休んでください。
오늘은 시험이 끝났으니까 성적에 관계없이 푹 쉬세요.

067

～に関して／～に関しては／～に関しても／～に関する
~에 관하여/~에 관해서는/~에 관해서도/~에 관한

新製品に関してご説明いたします。
신제품에 관하여 설명하겠습니다.

TIP 문형 뒤에 「話す 이야기하다, 書く 쓰다, 研究する 연구하다, 検討する 검토하다, 詳しい 자세하다, 知っている 안다, 考える 생각하다」 등의 동사를 자주 쓴다. 참고로 「～について」도 '~에 관해서'라는 의미이지만 「～に関して」가 포괄적인 주제에 대해 쓰는 경향이 많은 반면 「～について」는 한 가지 주제에 집중하려는 경향이 강하다.

パソコンの使い方についての本がほしい。
컴퓨터 사용법에 관한 책을 갖고 싶다.

～に対して／～に対しても　　~에 대해서/~에 대해서도

皆さんが両親に対して思っていることを正直に書いてください。
여러분이 부모님에 대해서 생각하고 있는 것을 정직하게 써 주세요.

TIP '대상'에 대한 「要求 요구, 反論 반론, 反発 반발, 言動 언동, 検討 검토」 등 반응, 태도, 불만에 관련된 단어가 올 때가 많다. 또한 '~에 비해서'와 같이 대비의 의미로 쓰기도 한다.

069

〜にする　　~로 (주문)하다

お昼を食べてきたので私はコーヒーだけにします。

점심을 먹고 왔기 때문에 저는 커피만으로 하겠습니다.

TIP 주로 주문하는 예문으로 출제되는 경우가 많다. 간혹 する의 존경어인 **なさる**를 이용하여「何になさいますか 무엇으로 하시겠습니까」의 형태로 출제되기도 하니 같이 알아두어야 한다.

비교문법 ● ① 〜がする　~가 든다 / 난다

木村さんの服装はとても上品な感じがする。

기무라 씨의 복장은 매우 고상한 느낌이 든다.

中村さんの部屋はいつもコーヒーの香りがする。

나카무라 씨의 방은 항상 커피 향이 난다.

さっき木村さんから聞いた話は前も聞いたことがある気がする。

방금 기무라 씨에게 들은 이야기는 전에도 들은 적이 있는 느낌이 든다.

TIP 주로「音 소리, 声 목소리, におい 냄새, 香り 향기, 味 맛, 気 느낌, 感じ 느낌」등과 같은 오감을 나타내는 어휘와 쓴다.

② 〜をしている　~을 하고 있다, ~이다

鈴木さんのお父さんは医者をしている。

스즈키 씨의 아버지는 의사이다.

昨日もらったバラはきれいな色をしていた。

어제 받은 장미는 예쁜 색을 띠고 있다.

地球はどんな形をしていますか。

지구는 어떤 모양입니까?

TIP 주로 색이나, 모양, 전문 직업을 나타내는 어휘와 함께 쓴다.

070

〜に沿って　　~을 따라

決められたルールに沿って行動してください。

정해진 규칙에 따라서 행동해 주세요.

海岸線に沿ってドライブしようと思っています。

해안선을 따라서 드라이브하려고 생각하고 있습니다.

TIP 「〜に沿って」앞에는 주로「道 길, 大通り 큰 길, 海 바다, 川 강, 鉄道 철도, 指示 지시, 説明書 설명서, 命令 명령, 期待 기대, 要求 요구, 希望 희망」등의 단어가 온다.

〜について・〜につき／〜については／〜についても／〜についての
〜에 대해서/〜에 대해서는/〜에 대해서도/〜에 대한

大学では日本の経済について研究したいと思っています。

대학에서는 일본 경제에 대해서 연구하고 싶다고 생각하고 있습니다.

TIP 「話す 이야기하다, 聞く 듣다, 研究する 연구하다, 行く 가다, 書く 쓰다」 등의 표현과 같이 쓴다.

072

〜にとって　〜에게, 〜의 경우

健康はだれにとっても大事なことだ。

건강은 누구에게나 중요한 것이다.

うちの犬、太郎は私にとって家族のような存在です。

우리 집 강아지인 다로는 제게 가족과 같은 존재입니다.

私にとって学校の思い出はそのまま子どものころの思い出と重なる。

내게 학교에 대한 추억은 그대로 어렸을 때 추억과 겹친다.

TIP 어떤 대상의 입장에서 생각하는 것을 말할 때 쓰는 문형이므로 대부분 「〜にとって」 앞에는 사람과 관련된 어휘가 온다.

〜には　〜하기 위해서는

家を買うにはこれから節約しなければならない。

집을 사기 위해서는 이제부터 절약해야 한다.

TIP 「〜には」를 '〜하기 위해서는'의 의미로 쓸 때는 동사에만 접속할 수 있다. 장소를 나타내는 명사 뒤에 「〜には」가 올 때는 '〜에는'의 의미로 쓴다.

私の家の近所にはタバコの自動販売機があります。

우리 집 근처에는 담배 자동판매기가 있습니다.

〜によって・〜により／〜によっては／〜による／〜によると
〜에 따라/〜에 따라서는/〜에 따른/〜에 따르면 (정보원, 원인, 수단, 재료 등)

この車は日本の会社によって作られた。

이 차는 일본 회사에 의해서 만들어졌다.

台風によって今にも木が倒れそうだ。

태풍에 의해서 금방이라도 나무가 쓰러질 것 같다.

先生はテストにより学生の実力をチェックする。
선생님은 시험으로 학생의 실력을 체크한다.

授業は同じ科目でも先生によって違う。
수업은 같은 과목이라도 선생님에 따라 다르다.

この薬は人によっては副作用が出ることがある。
이 약은 사람에 따라서는 부작용이 생기는 경우가 있다.

友だちの話によれば、あの映画はおもしろいそうだ。
친구 말에 의하면 저 영화는 재미있다고 한다.

バスによる移動は便利だが、時間がかかる。
버스에 의한 이동은 편리하지만 시간이 걸린다.

075 ～にわったて・～にわたり／～にわたる／～にわたった
~에 걸쳐/~에 걸친/~에 걸쳤던

彼女の結婚パーティーは二日間にわたって行われた。
그녀의 결혼 파티는 이틀간에 걸쳐서 진행되었다.

076 ～たびに　　~때마다

私は菅野さんに会うたびに明るい人だと思う。
나는 간노 씨를 만날 때마다 밝은 사람이라고 생각한다.

TIP 「～たびに」 자체에 '항상'의 의미가 들어 있으므로 앞에 활용하는 동사는 진행형으로 쓰지 않는다.

077 ～ついでに　　~하는 김에, ~하는 길에

出張で大阪に行ったついでに友だちの家に寄ってみた。
출장으로 오사카에 간 김에 친구 집에 들러 보았다.

078 ～はずがない　　~일 리가 없다

あゆみさんがそんな高い指輪を学校にして来るはずがない。
아유미 씨가 그렇게 비싼 반지를 학교에 하고 올 리가 없다.

最近新しく仕事を始めたと言っていたので、彼は今暇なわけがない。
최근에 새롭게 일을 시작했다고 말했기 때문에 그는 지금 한가할 리가 없다.

TIP '절대 그럴 리가 없다'라고 단정하는 문형이다. 「～はずがない」를 「～わけがない」로 바꾸어 쓰기도 한다.

〜はずだ　틀림없이 ~일 것이다

上田さんからこのプレゼントをもらったら、お兄さんはきっと喜ぶはずだよ。
우에다 씨에게 이 선물을 받으면 오빠는 틀림없이 기뻐할 거야.

TIP 강한 단정의 추측을 하는 표현이라서 앞에 「きっと 틀림없이, ぜったい 절대」 등과 같은 부사가 오는 경우가 많다.

〜はもちろん　~은 물론

最近は日本語はもちろん、中国語まで求めている企業が多い。
최근에는 일본어는 물론이고 중국어까지 요구하는 기업이 많다.

〜ば〜ほど　~하면 ~할수록

山が高ければ高いほど、チャレンジする価値がある。
산이 높으면 높을수록 도전하는 가치가 있다.

日本語は勉強すればするほど、やさしくなってくるものだ。
일본어는 공부하면 할수록 쉬워지는 것이다.

TIP 여러 번 반복함에 따라 정도가 좋아지거나 나빠짐을 나타내는 문형이다. 「〜ば〜ほど」와 비슷한 의미로 「〜ば〜だけ」를 쓸 수 있지만, 「〜ば〜だけ」의 경우 인과관계가 없는 문장에서는 쓸 수 없다.
勉強すればするほど日本語は上手になる。　공부하면 할수록 일본어는 능숙해진다. (인과관계)
勉強すればするだけ日本語は上手になる。　공부하면 할수록 일본어는 능숙해진다. (인과관계)
読めば読むほどおもしろい。　읽으면 읽을수록 재미있다. (인과관계가 아니기 때문에 ~ば~だけ는 쓸 수 없음)

〜反して／〜に反する／〜に反した　~에 반하여／~에 반하는／~에 반한

サッカー大会でうちのチームはみんなの期待に反して負けてしまった。
축구 대회에서 우리 팀은 모두의 기대를 저버리고 지고 말았다.

TIP 「〜に反して」의 앞에 오는 내용과 뒤에 오는 내용이 서로 반대여야 한다. 「〜に反して」의 앞에는 「希望 희망, 要求 요구, 期待 기대, 予想 예상」과 같은 단어가 많이 온다.

〜べき／〜べきだ　　~해야 할/~해야 한다

どんな場合でも約束は守るべきだ。
어떤 경우에도 약속은 지켜야 한다.

自分がするべきのことはちゃんとしてから、人に何か言ってよ。
자기가 해야 할 일은 제대로 하고 나서 다른 사람한테 뭔가 말하라고.

お年寄りには席を譲るべきだ。
노인에게는 자리를 양보해야 한다.

TIP 접속형태를 묻는 문제가 많이 나온다. べき 앞에는 동사 기본형만 올 수 있다. 단「する 하다」의 경우
「するべき」뿐만 아니라「すべき」로도 사용할 수 있다.

〜ほどだ／〜ほど／〜ほどの　　~정도다/~정도/~정도

見たことのないほどの花束を送りましょう。　본 적이 없을 정도의 꽃다발을 보내자.

TIP 일반적으로는 정도를 나타내는 비유 표현을 쓸 때 많이 사용되지만「〜ほど」뒤에 부정 표현이 오면
'~정도의 것이 없다(그게 최고다)'의 뜻이 되므로 주의해서 알아두자.
田中さんほど、まじめな人に会ったことがない。
다나카 씨만큼 성실한 사람은 만난 적이 없다.

〜まで　　~까지(상태가 쭉 계속됨)

夫と息子は顔だけではなく声まで似ている。
남편과 아들은 얼굴뿐만이 아니라 목소리까지 닮았다.

昨日から連絡がなかったので、弟の顔を見るまで、心配していた。
어제부터 연락이 없었기 때문에 남동생 얼굴을 볼 때까지 걱정했다.

유사문법 ● ① 〜までに　~까지(하기만 하면 됨-일회성)
この書類は今週の土曜日までに、事務所に提出してください。
이 서류는 이번 주 토요일까지 사무실에 제출해 주세요.

② 〜にまで　~에까지(생각지 못한 대상·범위)
そんなに大きな音で音楽を聴いているとお隣にまで聞こえてしまう。
그렇게 큰소리로 음악을 듣고 있으면 옆집까지 들리고 만다.

③ 〜でまで　~에서까지(장소)
海外でまで掃除と料理はしたくない。　해외에서까지 청소와 요리는 하고 싶지 않아.

～も～ば、～も・～も～なら、～も　～도 ～거니와 ～도

田中さんは英語もできれば日本語もできるよ。
다나카 씨는 영어도 할 수 있거니와 일본어도 할 수 있다.

その件については賛成する人もいれば、反対する人もいるそうだ
그 건에 대해서는 찬성하는 사람도 있고 반대하는 사람도 있다고 한다.

유사문법 ● ～も～し、～も　～도 ～하고 ～도
日本語を聞きとることもできるし、書くこともできるらしいです。
일본어를 알아들을 수도 있고 쓰는 것도 가능한 듯합니다.

～向きだ／～向きに／～向きの　～에게 적합하다/～에게 적합하게/～에게 적합한

女性向きの商品を作りましょう。
여성에게 적합한 상품을 만듭시다.

このスキー場は初心者向きで、子どもも利用できます。
이 스키장은 초심자에게 적합해서 아이들도 이용할 수 있습니다.

유사문법 ● 向けだ／向けに／向けの　대상이다/대상으로/대상인
この映画は大人向けですね。
이 영화는 성인 대상이네요.
お年寄り向けに作った商品です。
어르신 대상으로 만든 상품입니다.
子ども向けの番組ではありませんね。
어린이 대상인 방송은 아니네요.

～ものだから・～もので　～때문에, ～인 까닭에

A どうして遅刻したんですか。
어째서 지각했습니까?
B 時計が遅れていたものですから、すみませんでした。
시계가 늦었기 때문에요. 죄송합니다.

A 夕べの火事に気がつかなかったんですか。
어젯밤 화제에 대해서 눈치 못 챘습니까?
B ええ、ぐっすり寝ていたもんですから、全然気がつきませんでした。
네, 푹 자고 있었던 까닭에 전혀 알아차리지 못했습니다.

A あのう、それ、私のなんですけど……。
저, 그거 제 것인데요.
B あ、すみません。私のによく似ていたものですから。
아, 죄송합니다. 제 것과 비슷한 바람에.

～やすい　　~하기 쉽다

このスポーツのルールは単純で分かりやすいです。
이 스포츠의 규칙은 단순해서 알기 쉽습니다.

비교문법 ● ～にくい　~하기 어렵다
予約が取りにくいが、おいしくて値段も安く、サービスもいい。
예약을 하기 어렵지만 맛있고 값도 싼 데다가 서비스도 좋다.

～ように　　~하도록, ~하게끔

明日は遅れないように、気をつけてください。
내일은 늦지 않도록 주의해 주세요.

約束を守るように、一生懸命働いています。
약속을 지키도록 열심히 일하고 있습니다.

비교문법 ● ① ～ようになる （못하던 것을 노력해서) ~하게 되다(가능동사에 접속)
毎日練習したら、100メートルは50秒で泳げるようになった。
매일 연습을 했더니 100미터를 50초에 헤엄칠 수 있게 되었다.

TIP 동사 가능형과 함께 써서 못하던 것을 할 수 있게 될 때 사용하는 표현이다.

② ～ようになる （자연스럽게) ~하게 되다(동사 원형, 부정형에 접속)
先日健康診断の時、医者に言われてタバコをやめるようになった。
며칠 전에 건강진단을 받았을 때 의사의 말을 듣고 담배를 끊게 되었다.
先日健康診断の時、医者に言われてタバコを吸わないようになった。
며칠 전 건강진단을 받았을 때 의사의 말을 듣고 담배를 피지 않게 되있다.

③ ～ようにする （노력해서)~하도록 하다, ~하게 하다(동사 원형, 부정형에 접속)
都合が悪いので、お金を集めて貯金するようにしています。
형편이 좋지 않기 때문에 돈을 모아서 저금하도록 하고 있습니다.

～を込めて　　~을 담아, ~을 넣어

彼女は彼らのために心を込めて、料理を作った。
그녀는 그들을 위해서 마음을 담아 요리를 만들었다.

TIP 「感謝 감사, 愛 사랑, 愛情 애정, 心 마음, 祈り 기도, 願い 부탁」등의 명사와 함께 쓴다.

〜を通じて・〜を通して　~을 통해서, ~내내

私は忙しいから、その書類は木村さんを通じて頼んでおいてください。
저는 바쁘니까 그 서류는 기무라 씨를 통해서 부탁해 놔 주세요.

高校３年を通して一度も欠席をしたことはありません。
고등학교 3년 내내 한 번도 결석을 한 적이 없습니다.

TIP 「〜を通じて」와「〜を通して」앞에 매개체가 오면 '~을 통해서'의 의미로 쓰지만 기간을 나타내는 어휘가 오면 '그 기간 내내'를 뜻하는 말이 되므로 해석할 때 잘 봐둬야 한다.

〜を〜という　~을 ~라고 한다

これをハードディスクという。
이것을 하드디스크라고 한다.

〜をはじめ　~을 비롯하여

アジアをはじめヨーロッパまで行ったことは人生の中で一番楽しい経験だった。
아시아를 비롯해 유럽까지 간 것은 인생에서 제일 즐거운 경험이었다.

〜んじゃない　~아니야?

15年も使ったんだから、もう買いかえってもいいんじゃない？
15년이나 사용했으니까 이제 새로 사도 괜찮지 않아?

答えられるはずがないだろう。俺が数学苦手なこと知っているんじゃないか。
대답할 수 있을 리가 없을 거야. 내가 수학에 서투른 것 알잖아?

동사 명령형

夜中に漫画を読んでいたら、父に早く寝ろと怒られた。
밤중에 만화를 읽고 있었더니 아빠가 빨리 자라고 화를 냈다.

TIP 1그룹동사는 어미를 え단으로 바꾸고, 2그룹동사는 어미를 ろ로 바꾸면 명령형이 된다. 3그룹동사는 する는 しろ, 来る는 来いのい다.

비교문법 ● 〜なさい ~하거라, ~하세요
忙しくないうちにレポートを書いておきなさい。
바쁘지 않은 동안에 리포트를 써 놓으세요.

〜らしい　~답다

私は男らしい男が好きです。　나는 남자다운 남자가 좋습니다.
レポートを忘れてくるなんて、いつもの青木君らしくないよ。なにかあったの？
레포트를 잊고 오다니, 평소의 아오키 군답지 않은데. 무슨 일 있어?

TIP 명사에 접속하며 보통형에 접속해서 활용하는 조동사「らしい(~듯하다)」와 구별할 수 있어야 한다.
시험에는「〜らしく ~답게, 〜らしくない ~답지 않다」등과 같이 활용된 형태로 출제되기도 하며 긍정적인 면을 강조하는 표현이다.

〜たばかりだ　막 ~한 참이다, ~한 지 얼마 안 되었다

明日は最近できたばかりの話題のレストランに行ってみない？
내일은 최근 생긴 지 얼마 안 된 화제의 레스토랑에 가 보지 않을래?

新しい取り引き先に関連する資料はさっき部長に出したばかりです。
새 거래처에 관련된 자료는 조금 전에 부장님에게 막 제출했습니다.

TIP 이 문형은「〜たところだ(막 ~한 참이다)」와 혼동하기 쉽다.「〜たところだ」는 행동을 한 바로 직후이고,「〜たばかりだ」는 행동을 하고 난 뒤 약간의 시간이 지났을 때 사용한다. 따라서「〜たところだ」는「今ちょうど(지금 막)」,「〜たばかりだ」는「さっき(조금 전)」나「最近(최근)」과 같은 부사와 자주 쓴다.

〜には　(대상)에게는, (행위를) 하기 위해서는

どんなに簡単な仕事だと言われても、私には難しい。
아무리 쉬운 일이라는 말을 들어도 내게는 어렵다.

大学に行くには、今よりもっと勉強をしなければならないんです。
대학교에 가기 위해서는 지금보다 더 공부를 해야만 합니다.

〜そうだ／〜そうに(も)ない　~할 것 같다/~할 것 같지 않다

部長に任された仕事は終わりそうだけど、会議の資料は今日中に終わりそうにない。
부장님이 맡긴 일은 끝날 것 같지만 회의 자료는 오늘 중으로 끝날 것 같지 않다.

今度の交流会は行けそうにないから、私の代わりに会員費を払ってくれない？
이번 교류회는 못 갈 것 같으니까 나 대신 회비를 내 주지 않을래?

TIP 양태「〜そうだ」는 '동사 ます형, 형용사 어간'에 접속한다. 단, 동사 원형뿐만 아니라 가능형도 포함되며 ます형에 접속하여 '~할 수 있을 것 같다, ~할 수 없을 것 같다'의 의미로 출제되므로 잘 살펴두자.

001	~ましょう	~합시다	2時間も休まず、続いて勉強したので、もう休みましょう。 두 시간이나 쉬지 않고 계속 공부했으니까 이제 쉽시다.
002	~ませんか	~하지 않겠습니까?	歩きすぎて足が痛いですね。この辺でお茶でもしませんか。 너무 걸어서 발이 아파요. 이 근처에서 차라도 하지 않겠습니까?
003	~に行く	~에 가다	明日の入学式は妹と一緒に行きます。 내일 입학식은 여동생과 함께 갑니다.
004	~に来る	~에 오다	新しいスーツを着て、面接に来る大学生たち。 새 정장을 입고 면접에 오는 대학생들.
005	~始める	~시작하다	2年間日本語を勉強して、やっと話し始めた。 2년간 일본어를 공부해서 겨우 말하기 시작했다.
006	~続ける	계속 ~하다	毎日豊かに暮らし続けるために必要なものは何ですか。 매일 풍요로운 생활을 계속하기 위해서 필요한 것은 무엇입니까?
007	~終わる	~끝나다, 다 ~하다	では、答えが書き終わったら前に出してください。 그러면 대답을 다 쓰면 앞에 내 주세요.
008	~終える	끝내다, 끝마치다	夏休みの宿題を今日中にすべてやり終えるにはどうしたらいい? 여름 방학 숙제를 오늘 중으로 모두 다 끝마치기 위해서는 어떻게 하면 좋을까?
009	~出す	(갑자기) ~하기 시작하다	傘も持ってきてないのに、急に雨が降り出した。 우산도 가지고 오지 않았는데 갑자기 비가 내리기 시작했다.
010	~にくい	~하기 어렵다, ~하기 불편하다	場所が狭すぎて、動きにくいね。 장소가 너무 좁아서 움직이기 힘들다.
011	~やすい	~하기 쉽다, ~하기 편하다	久しぶりのセールだから気にせず買いやすい。 오랜만의 세일이니까 신경 쓰지 않고 사기 쉽다.
012	~なさい	~하세요	いつも肉ばかり食べているから今日はちゃんと野菜も食べなさい。 늘 고기만 먹었으니 오늘은 제대로 채소도 먹으세요.
013	~合う	서로 ~하다	この件においてはみんなで話し合いましょう。 이 건에 대해서는 서로 이야기를 나눕시다.

014	〜な	〜하지 마라	明日は絶対遅刻する**な**と言われました。
			내일은 절대 지각하지 말라는 말을 들었습니다.
015	〜なくて	〜하지 않아서	靴を脱が**なくて**入ることができませんでした。
			구두를 벗지 않아서 못 들어갔습니다.
016	〜ないでください	〜하지 말아 주세요	池の中の魚には餌をあげ**ないでください**。
			연못 안의 생선에게는 먹이를 주지 마세요.
017	〜なければならない	〜하지 않으면 안 된다,	負けないように毎日練習し**なければならない**。
		〜해야 한다	지지 않게끔 매일 연습해야 한다.
018	〜なくなる	없어지다	大人になってから夢が**なくなった**。
			어른이 되고 나서 꿈이 없어졌다.
019	〜てください	〜해 주세요	静かにし**てください**。
			조용히 해 주세요
020	〜ている	〜하고 있다,	田中さんが勉強し**ている**ので静かにしてください。
		〜해져 있다	다나카 씨가 공부하고 있으니까 조용히 해 주세요.
021	〜てくる	〜해 오다, 〜해지다	ゴミの量はだんだん減っ**てきました**。
			쓰레기 양은 점점 줄어들었습니다.
022	〜ていく	〜해 가다	この町の人口はだんだん増え**ていきます**。
			이 마을의 인구는 점점 늘어납니다.
023	〜てしまう	〜해 버리다	一人で全部食べ**てしまった**。
			혼자서 전부 먹어 버렸다.
024	〜ておく	〜해 두다	明日の準備をし**ておく**。
			내일 준비를 해 두다
025	〜てある	〜해져 있다	さっき、私が電気を消したから今は部屋の電気が消し**てあります**。 조금 전에 내가 불을 껐기 때문에 지금은 방 불이 꺼져 있습니다.
026	〜てほしい	〜해 주길 바라다	私の話を聞い**てほしい**です。
			제 이야기를 들어주면 좋겠어요.
027	〜てみる	〜해 보다	その件は課長と話し**てみたら**どうですか。
			그 건은 과장님과 이야기해 보는 것이 어떻습니까?

028	～てあげる	～해 주다	木村さんに英語を教えてあげました。 기무라 씨에게 영어를 가르쳐 주었습니다.
029	～てやる	～해 주다 (어린이, 식물, 동물)	犬と遊んでやりました。 개와 놀아 주었습니다.
030	～てさしあげる	～해 드리다(겸양)	先生に料理を作ってさしあげました。 선생님께 요리를 만들어 드렸습니다.
031	～てくれる	～해주다	優しく話してくれる人が好きです。 상냥하게 이야기해 주는 사람을 좋아합니다.
032	～てくださる	～해 주시다(존경)	先日は来てくださってありがとうございました。 지난 번은 와 주셔서 감사 했습니다.
033	～てもらう	～해 받다	木村さんに助けてもらって解決できました。 기무라 씨가 도와주셔서 해결할 수 있었습니다.
034	～ていただく	～해 받다(겸양)	もう一度教えていただけますか。 한 번 더 가르쳐 주실 수 있습니까?
035	～たら	～하면, ～했더니	暑くてシャワーを浴びたらすぐ涼しくなりました。 더워서 샤워를 했더니 바로 시원해졌습니다.
036	～たらどう？ ～たらいかが？	～하면 어때?	彼に連絡してみたらどう？ 그에게 연락해 보면 어때?
037	～たらいい	～하면 된다	風邪を引いた時は薬を飲んでゆっくり休んだらいいです。 감기에 걸렸을 때는 약을 먹거나 푹 쉬면 됩니다.
038	～後で	～한 후에	会議が終わった後で食事に行きましょう。 회의가 끝난 후에 식사하러 갑시다.
039	～前に	～전에	この町では試験の前にチョコレートをかばんに入れておくのがはやっています。 이 마을에서는 시험 전에 초콜릿을 가방에 넣어두는 것이 유행하고 있습니다.
040	～まま	～한 채로	化粧をしたまま寝てしまいました。 화장을 한 채 자 버렸습니다.

🔢 존경 표현

~하시다	お ご	+	동사 ます형 명사	+ になる

ここでちょっとお待ちになってください。　이곳에서 기다려 주세요.
この本をもうご覧になりましたか。　이 책을 벌써 읽으셨습니까?

주세요	お ご	+	동사 ます형 명사	+ ください

さっき井上さんがそれをお話くださいました。　방금 전에 이노우에 씨가 그것을 말씀해 주셨습니다.
しばらくお休みください。　조금만 쉬세요.

🔢 겸양 표현

하다	お ご	+	동사 ます형 명사	+ する(いたす)

私がお荷物をお持ちしましょう。　제가 짐을 들겠습니다.
私が責任を持って午後お届けいたします。　제가 책임을 지고 오후에 배달하겠습니다.

받다	お ご	+	동사 ます형 명사	+ いただく

ご理解いただければ、幸いだと思います。　이해해 주시면 다행이라고 생각합니다.

존경 동사	일반 동사	겸양 동사
いらっしゃる	いる	おる
～ていらっしゃる	～ている	～ておる
いらっしゃる	行<ruby>行<rt>い</rt></ruby>く	参<ruby>参<rt>まい</rt></ruby>る
×	ある	ござる
～でいらっしゃる	～だ	～でござる
見える・お見えになる・いらっしゃる	来る	参る
なさる	する	いたす
おっしゃる	言う・話す	申す・申し上げる
召し上がる・あがる	食べる・飲む	いただく
ご覧になる	見る	拝見する
×	思う	存じる
×	あげる	さしあげる
くださる	くれる	×
×	もらう	いただく
×	きく・尋ねる	伺う
×	訪問する	伺う
×	会う	お目にかかる
ご存知です	知っている	存じている

문제 유형별
설명 및 비법 TIP

문제이해　여러 가지 화제를 담은 설명문이나 지시문, 메일 등 200자 정도의 텍스트를 읽고 그 내용을 이해할 수 있는지를 묻는다. 유형별로 내용의 사실관계를 이해할 수 있는지, 이유나 원인을 파악할 수 있는지, 또는 문맥에서 어떤 의미인지를 이해할 수 있는지 등을 묻는다.

기출문제유형　〈메일, FAX 형식의 텍스트〉 2011-1회

これは、川島先生のゼミの学生に届いたメールである。

> あて先：2011kawashimazemi@groups.ac.jp
> 件名：川島先生のお別れ会について
> 送信日時：2011年6月30日 16：20
>
> 川島先生のお別れ会について、詳しいことが決まりましたので、お知らせします。
> 7月8日(金)までに参加するかどうかを送信してください。
>
> 日時：8月10日(水) 午後7時～9時
> 会場：レストラン「春」
> 会費：3,000円
> 記念品代：500円 (記念品としてネクタイを贈りたいと思います。)
>
> 会費と記念品代は会場で集めます。
> 参加できない人は、記念品代だけを7月中に払ってください。
>
> 大田

$\boxed{1}$ このメールを見て、参加しない人は、どうしなければならないか

    1 返信の必要はないが、7月31日までに記念品代を払う

    2 返信の必要はないが、8月10日に記念品代を払う

    3 7月8日までに返信して、7月31日までに記念品代を払う

    4 7月8日までに返信して、8月10日に記念品代を払う

해석

이것은 가와시마 선생님의 세미나 학생에게 도착한 메일이다

받는 사람 : 2011kawashimazemi@groups.ac.jp
제목 : 가와시마 선생님의 송별회에 대해서
보낸 날짜 : 2011년 6월 30일 16:20

가와시마 선생님의 송별회에 대한 자세한 사항이 정해졌으므로 알려드립니다.
7월 8일(금)까지 참석 여부를 보내 주시기 바랍니다.

일시 : 8월 10일 (수) 오후 7시~9시
장소 : 레스토랑 '하루(봄)'
회비 : 3,000엔
기념품 비용 : 500엔 (기념품으로 넥타이를 선물하고자 합니다.)

회비 및 기념품 대금은 모임 장소에서 걷겠습니다.
참석하지 못하는 분은 기념품 대금을 7월 중으로 내 주십시오.

오타

$\boxed{1}$ 이 편지를 보고 참석하지 않는 사람은 어떻게 해야 하는가?
  1 답장할 필요는 없지만, 7월 31일까지 기념품 대금을 낸다.
  2 답장할 필요는 없지만, 8월 10일에 기념품 대금을 낸다.
  3 7월 8일까지 답장하고, 7월 31일까지 기념품 대금을 낸다.
  4 7월 8일까지 답장하고, 8월 10일에 기념품 대금을 낸다.

해설

텍스트 중반부에 「7月8日(金)までに参加するかどうかを送信してください。7월 8일(금)까지 참가 여부를 알려 주세요」라고 했으므로 「返信の必要はない。답장할 필요는 없다」라고 한 1번과 2번은 답이 아니다. 그리고 후반부에 「記念品代だけを7月中に払ってください。기념품 대금을 7월 중으로 내 주세요」라고 했으므로 답은 3번이다.

先週、うれしいことがあった。
支店で難しい問題が発生し、広島に出張することになった。三日目にやっと解決でき、ほっとしてホテルに戻ったのが、荷物を整理したとき、間違えて重要な書類を捨ててしまった。しかし、気が付かずにその日夜遅く東京に帰ってきた。翌朝気がついて、あわててホテルに電話をしたら、すぐに書類を見つけてくれた。そのホテルでは、客がチェックアウトしたあとも部屋のゴミはもう一泊させるのだそうだ。客のことをよく考えたサービスだと感心し、本当にうれしかった。

(注) ほっとする：安心する

2 うれしいこととあるが、どのようなことか。

1 会社の難しい問題がやっと解決できたこと
2 ホテルの人が書類の整理をしてくれていたこと
3 ホテルが書類を捨てずに残しておいてくれたこと
4 同じ部屋にもう一晩泊まることができたこと

해석

지난 주에 기쁜 일이 있었다.
지점에서 어려운 문제가 발생하여 히로시마로 출장을 가게 되었다. 3일째에 간신히 해결되어 안심㈜하며 호텔로 돌아왔는데, 짐을 정리할 때 실수로 중요한 서류를 버리고 말았다. 그러나 알아차리지 못하고 그날 밤늦게 도쿄로 돌아왔다. 이튿날 아침 깨닫고 황급히 호텔에 전화를 걸었더니 금방 서류를 찾아 주었다. 그 호텔에서는 손님이 체크아웃을 한 후에도 방의 쓰레기는 하룻밤 보관한다고 한다. 손님을 잘 생각한 서비스라고 감탄하고 정말 기뻤다.

(주) 안심하다 : 안심하다

2 기쁜 일이라고 했는데 어떤 것인가?
1 회사의 어려운 문제가 겨우 해결된 것
2 호텔 직원이 서류 정리를 해 주었던 것
3 호텔에서 서류를 버리지 않고 남겨 놓은 것
4 같은 방에서 하룻밤 더 묵을 수 있게 된 것

해설

텍스트 첫 부분에 나오는 うれしいこと와 글 말미에 있는 うれしかった는 동일한 일에 관해서 이야기하고 있다. 회사의 어려운 문제가 해결된 것은 사건이 발생했음을 알게 하는 역접 접속사 しかし 이전에 나온 내용이므로 답이 아니다. 서류를 정리한 것은 글쓴이 본인이므로 2번도 답이 아니며 하룻밤 더 머문 것은 손님이 아니라 서류이므로 정답은 서류를 버리지 않고 남겨놓았다고 한 3번이다.

비법 TIP 단문의 경우 메일, FAX 형식의 글과 일반적인 에세이 형식의 글이 자주 출제되며, 각 유형에 따라 묻는 내용이 다르므로 주의 깊게 살펴두어야 한다.

이 형식의 텍스트는 주로 받는 사람과 보내는 사람으로 이루어진 독해문이다. 메일이나 FAX는 비즈니스 관련 내용인 경우가 많아서 본문 내용에 존경 표현이나 겸양 표현이 자주 등장한다. 메모나 편지는 주변 사람에게 보내는 내용인 경우가 많아서 가볍게 쓴 글인 경우가 많다.

▶ 글이 어떤 유형이든 첫 문장과 마지막 문장은 인사말이니 버려라!

메일이나 FAX는 정해진 형식을 사용하므로 그 형식만 알면 어느 부분을 읽어야 할지 정확하게 체크할 수 있다. 대부분 이런 형식의 텍스트는 상대방에 대한 인사말로 시작하여 다음을 기약하는 인사말로 끝난다. 주로 さて나 さっそく와 같은 부사가 등장한 부분부터 본론이 시작되므로 인사말은 제외하고 이 부분부터 읽어도 정답을 찾는 데는 큰 문제가 없다.

▶ 묻고자 하는 내용이 대개 정해져 있다!

쓴 사람의 목적을 묻거나 받은 사람이 해야 하는 행위를 묻는 경우가 많다. 그러므로 글을 읽을 때 「～てください」와 같은 부탁 표현이나 「～たらどうですか」와 같은 권유 표현을 잘 찾아보자.

부탁 표현

～てください　～해 주세요

～てくれませんか　～해 주시겠습니까?

～てもらえませんか　～해 주시겠습니까?

～てくださいませんか　～해 주지 않으시겠습니까?

～ていただけませんか　～해 주시지 않으시겠습니까?

～ていただきたいんですが、～해 주셨으면 좋겠습니다만,

～(さ)せていただけませんか　～할 수 있게 해 주지 않으시겠습니까?

～(さ)せてください　～할 수 있게 해 주세요

～(さ)せていただきます　～하겠습니다.

권유 표현

～たらどうですか / ～てはいかがですか　～하면 어떻습니까

～てみませんか　～해 보지 않겠습니까

존경 표현 / 겸양 표현

～します ／ ～なさいます(존경) ／ ～いたします(겸양)　～합니다

～ています ／ ～ていらっしゃいます(존경) ／ ～ております(겸양)　～하고 있습니다

～です ／ ～でいらっしゃいます(존경) ／ ～でございます(겸양)　～입니다

見る 보다 ／ ご覧になる 보시다(존경, ご覧ください 보십시오)

聞く 묻다, 듣다・訪問する 방문하다 ／ うかがう 여쭙다 (겸양)

일반적인 에세이 형식의 텍스트는 글쓴이의 주장이나 생각이 담겨 있지 않은 글과 글쓴이의 주장이나 생각이 담긴 글이 출제된다.

▶제목이 있는 텍스트는 제목이 주제이다!

제목이 있는 텍스트의 경우 제목이 고유명사인 경우가 많다. 그러한 텍스트는 대개 제목의 고유명사에 대한 객관적인 내용이므로 저자의 주장을 담고 있지 않다. 이때 제목 자체가 텍스트의 주제이기 때문에 이를 묻는 문제보다는 내용에 관한 것이 주로 출제된다. 내용과 맞는 것, 혹은 맞지 않는 것을 찾는 문제가 출제되는 경우가 많으므로 텍스트를 읽을 때 내용에 유념하여 선택지의 오답을 지워야 한다.

▶글쓴이의 생각이나 주장이 담긴 텍스트는 마지막 문단의 역접 접속사에 주의 하자!

저자의 주장이나 생각이 담겨 있는 글의 경우에는 글의 주제, 저자의 생각을 묻는 문제가 출제된다. 대부분의 경우 글의 말미에 주제가 담겨 있다. 글에서 접속사「しかし 그러나, だから 그래서, それで 그래서, つまり・すなわち 즉」등을 찾으면 저자의 주장이 있는 부분을 파악하기 쉽다.

글쓴이의 생각이나 주장을 드러내는 표현
〜したい　〜하고 싶다
〜と思う　〜라고 생각한다
〜と感じる　〜라고 느낀다
〜ではないだろうか　〜인 것은 아닐까

문제이해　비교적 쉬운 내용의 평론, 해설, 에세이 등 500자 정도의 텍스트(중문) 혹은 1,000자 정도의 텍스트(장문)를 읽고 인과관계나 이유, 개요나 필자의 생각 등을 이해할 수 있는지 묻는다. 중문은 2개의 텍스트에 각 3문제씩 출제되며 장문은 1개의 텍스트에 4문제가 출제된다. 주로 밑줄 친 부분과 관련된 문제가 출제되는 경우가 많다.

기출문제유형　〈중문〉 2011–1회

　　わたしは、家の近くを毎日散歩していますが、今日はいつもと違う道を歩いてみました。ぶらぶら歩いていると、どこからか花のいいにおいがしてきました。知っている香りなのに、それがどんな花なのか思い出せませんでした。でも、そのとき自然に、昔住んでいた家のことを思い出しました。

　　①それは、田舎の、広い庭がある家でした。祖父と祖母も一緒に住んでいて、にぎやかな毎日でした。隣の家の明子ちゃんという女の子と、家の裏にある山に行ったり、近くの川に行ったりして、よく一緒に遊びました。②なつかしい思い出です。

　　どうしてあの時、昔住んでいた家のことを思い出したのか、わたしは不思議でした。家に帰ってから、昔の写真や祖父、祖母の写真を見ながら、しばらく考えました。そして、昔住んでいた家の庭には、春になると、白くて小さな、かわいい花がたくさん咲いていたことを思い出しました。その花は、今日道を歩いていたときの、あの花と同じ香りだったのです。

1　①それとあるが、何のことか。
　　1　散歩の途中で見た、花が咲いている家
　　2　昔住んでいた家によく似ている家
　　3　子どものころ、自分が住んでいた家
　　4　昔一緒によく遊んだ明子の家

2　②なつかしい思い出とあるが、例えばどんな思い出だといっているか。
　　1　隣の家の広い庭によく行った
　　2　祖父と祖母がよく遊びに来た
　　3　庭で明子ちゃんと花を見た
　　4　友達と一緒に山や川で遊んだ

3 この文章を書いた人は、 散歩のときに昔住んでいた家のことを思い出したのは
なぜだと考えているか。

1 昔住んでいた家の庭に咲いていたのと同じ花の香りがしたから

2 昔住んでいた家の庭に咲いていたのと同じ白い花を見たから

3 昔住んでいた家の近くの道に咲いていたのと同じ花の香りがしたから

4 昔住んでいた家の近くの道に咲いていたのと同じ白い花を見たから

해석

나는 집 근처를 매일 산책하는데, 오늘은 평소와 다른 길을 걸어 보았습니다. 어슬렁어슬렁 걷고
있자니 어디에선가 좋은 꽃 향기가 났습니다. 알고 있는 향기인데 그것이 어떤 꽃인지 생각이 나지
않았습니다. 하지만 그때 자연스럽게 옛날에 살던 집이 떠올랐습니다.
①그것은 시골의 넓은 정원이 있는 집이었습니다. 할아버지와 할머니도 함께 살아서 시끌벅적한
나날이었습니다. 옆집의 아키코라는 여자아이와 집 뒤에 있는 산에 가거나 강에 가서 자주 함께 놀
았습니다. ②그리운 추억입니다.
왜 그때 옛날에 살던 집을 떠올렸는지 나는 신기했습니다. 집에 돌아가서 옛날 사진과 할아버지,
할머니의 사진을 보면서 잠시 생각했습니다. 그리고 옛날에 살던 집 정원에는 봄이 되면 하얗고 작
은 귀여운 꽃이 많이 피어 있던 것을 떠올렸습니다. 그 꽃은 오늘 길을 걸었을 때의 그 꽃과 같은 향
기였습니다.

1 ①그것이라고 되어 있는데, 무엇인가?

1 산책하는 도중에 본 꽃이 피어 있는 집

2 옛날에 살던 집과 무척 닮은 집

3 어린 시절 자신이 살았던 집

4 옛날에 같이 자주 놀던 아키코의 집

해설

바로 앞 단락에 「昔住んでいた家のことを思い出しました 옛날에 살던 집이 떠올랐습니다」라고 했으
므로 정답은 3번이다.

2 ②그리운 추억이라고 되어 있는데, 예를 들면 어떤 추억이라고 말하고 있는가?

1 옆집의 넓은 정원에 자주 갔다

2 할아버지, 할머니가 자주 놀러 왔다

3 정원에서 아키코와 꽃을 보았다

4 친구와 함께 함께 산과 강에서 놀았다

해설

바로 앞에 「隣の家の明子ちゃんという女の子と、家の裏にある山に行ったり、近くの川に行っ
たりして、よく一緒に遊びました。 옆집의 아키코라는 여자아이와 집 뒤에 있는 산에 가거나 강에 가
서 자주 함께 놀았습니다」라고 했으므로 정답은 4번이다. 선택지 1, 2, 3번에 해당하는 내용은 본문에 없다.

3 이 글을 쓴 사람은 산책할 때 옛날에 살던 집이 떠오른 이유는 무엇이라고 생각하는가?

1 옛날 살던 집 정원에 피어 있던 것과 같은 꽃 향기가 났기 때문에

2 옛날 살던 집 정원에 피어 있던 것과 같은 하얀 꽃을 봤기 때문에

3 옛날 살던 집 근처 길에 피어 있던 것과 같은 꽃 향기가 났기 때문에

4 옛날 살던 집 근처 길에 피어 있던 것과 같은 하얀 꽃을 봤기 때문에

해설

텍스트 마지막 부분에 「昔住んでいた家の庭には、春になると、白くて小さな、かわいい花がた
くさん咲いていたことを思い出しました。その花は、今日道を歩いていたときの、あの花と同

じ香りだったのです。옛날에 살던 집 정원에는 봄이 되면 하얗고 작은 귀여운 꽃이 많이 피어 있던 것을
떠올렸습니다. 그 꽃은 오늘 길을 걸었을 때의 그 꽃과 같은 향기였습니다」라는 문장이 있다. 집 정원에 피
어 있던 꽃과 같다고 했으므로 선택지 3번과 4번은 답이 아니다. 그리고 꽃을 본 것이 아니라 향기를 맡은
것이므로 정답은 선택지 1번이다.

〈장문〉 2011-1회

現在、日本で農業をしている人は、約200万人。40年前に比べると、その数は
3分の1以下に減っている。そして農業をしている人の60％以上は65歳以上のお
年寄りだ。①この状態を変えようと、最近いろいろな農業のやり方が考えられて
いるそうだ。

その一つは、これまでのように家族で農業するのではなく、多くの人が働く「会
社」の形で農業をするというものだ。このような会社の一つに「あおぞら」がある。
「あおぞら」では今までにない②いくつかの工夫によって、若者も働きやすい環境
を作っている。

第一の工夫は「決まった給料を払うこと」。農業は自然が相手なので、どうして
も収入が多いときと少ないときが出てしまう。しかし、一年中いろいろな種類の
野菜を作ることで、一つがだめでも他の野菜でカバーできるようにし、毎月同じ
給料が払えるようにする。

第二の工夫は「休めるようにすること」。社員はみんな違う日に休みを取る。社
員が大勢いるので、それぞれが順番に休みを取るようにすれば、それほど多くは
ないが、みんながきちんと休めるのだ

第三の工夫は「農業を教えること」。土に触ったことが全然ないような人には、
経験者が農業を一からきちんと教える。

このような工夫は若者にも伝わり、③「あおぞら」には毎年農業にチャレンジし
たいという若者が大勢入ってきて、経営もうまくいっているそうだ。そして、そ
れは新しい農業の形として期待されている。

1　①この状態とあるが、何か。

1　農業をする人が大きく減って、半分以上がお年寄になったこと

2　農業をする人が大きく減って、半分以上が若者になったこと

3　農業をする人が少し減って、お年寄りの割合が増えていること

4　農業をする人が少し減って、若者の割合が増えていること

2　②いくつかの工夫とあるが、例えばどんな工夫か。

1　多い月や少ない月があるが、毎月給料が払えるようにする

2　一年中、一種類の野菜を作り続けるようにする

3　社員みんなが、土曜日と日曜日に休めるようにする

4　経験がない人には、農業の基礎から教えるようにする

3 ③「あおぞら」には毎年農業にチャレンジしたいと若者が大勢入ってきてとある
　　が、それはどうしてだといっているか。

　　1 「あおぞら」では、休みをたくさん取ることができるから
　　2 「あそぞら」では、会社経営の方法を教えてもらえるから
　　3 「あおぞら」は、昔からの農業のやり方を守っているから
　　4 「あおぞら」は、仕事がしやすい環境を作っているから

4 この文章全体のテーマは、何か。

　　1 お年寄りと農業
　　2 これからの農業
　　3 家族で行う農業
　　4 経験者に教わる農業

해석

　　현재 일본에서 농업을 하는 사람은 약 200만 명이다. 40년 전에 비하면 그 수는 3분의 1 이하로 줄
었다. 그리고 농업을 하는 사람의 60% 이상이 65세 이상 노인이다. ① 이런 상태를 바꾸기 위해 최
근 다양한 농업 방식이 고려되고 있다고 한다.
　　그 중 하나는 지금까지처럼 가족끼리 농업을 하는 것이 아니라 많은 사람이 '회사' 형태로 농업을
하는 것이다. 이렇게 회사 중에 '아오조라'가 있다. '아오조라'에서는 지금까지 없었던 ② 여러 가지
방법을 궁리하여 젊은이도 일하기 좋은 환경을 만들고 있다.
　　첫 번째 방법은 '정해진 급료를 받는 것'. 농업은 자연을 상대로 하므로 어떻게 해도 수입이 많은
때와 적은 때가 생기고 만다. 그러나 1년 내내 여러 종류의 채소를 재배하여 하나가 안되더라도 다
른 채소로 커버할 수 있게 하여 매달 같은 급료를 받을 수 있게 한다.
　　두 번째 방법은 '쉴 수 있게 하는 것'. 사원은 모두 다른 날에 휴가를 받는다. 사원이 많이 있기 때문
에 각 순서대로 휴식을 취하도록 하면 그렇게 많지는 않더라도 모두 제대로 쉴 수 있다.
　　세 번째 방법은 '농업을 가르치는 것'. 흙을 만져 본 적이 전혀 없는 것 같은 사람에게는 경영자가
농업을 처음부터 차근차근 가르친다.
　　이러한 노력은 젊은이에게도 전해져 ③ '아오조라'에는 매년 농업에 도전하고자 하는 젊은이가
많이 들어와서 경영도 잘 되고 있다고 한다. 그리고 그것은 새로운 농업 형태로 기대되고 있다.

1 ① 이런 상태라고 있는데 무엇인가?

　　1 농업을 하는 사람이 크게 줄고 절반 이상이 노인인 것
　　2 농업을 하는 사람이 크게 줄고 절반 이상이 젊은이인 것
　　3 농업을 하는 사람이 조금 줄고 노인 비율이 늘어난 것
　　4 농업을 하는 사람이 조금 줄고 젊은이 비율이 늘어난 것

해설

첫 번째 줄에 「その数は3分の1以下に減っている 그 수는 3분의 1 이하로 줄었다」라고 했으므로 선택
지 3번과 4번은 답이 될 수 없다. 그리고 「60％以上は65以上のお年寄り 60% 이상은 65살 이상의 노
인」이라고 했으므로 절반 이상이 노인이라고 한 선택지 1번이 정답이다.

<u>2</u> **② 여러 가지 방법을 궁리하여 라고 했는데, 예를 들면 어떤 방법들인가.**

   1 많은 달과 적은 달이 있지만, 매달 월급을 지불할 수 있도록 한다
   2 1년 내내 한 종류의 야채를 계속 만들 수 있게 한다
   3 모든 사원이 토요일과 일요일에 쉴 수 있게 한다.
   4 경험이 없는 사람은 농업을 기초부터 가르치게 한다.

해설

첫 번째 방법이 「決まった給料を払うこと 정해진 월급을 받는 것」이므로 월급이 많은 달과 적은 달이 있다고 한 선택지 1번은 오답이다. 또한 「一年中いろいろな種類の野菜を作る 1년 내내 여러 가지 종류의 채소를 재배한다」라고 했으므로 선택지 2번 역시 오답이다. 두 번째 방법에서는 「社員はみんな違う日に休みを取る 사원은 모두 다른 날에 휴가를 받는다」라고 했으므로 토요일과 일요일에 쉴 수 있게 한다는 3번도 답이 아니다. 세 번째 방법에서 「農業を一からきちんと教える 농업을 처음부터 차근차근 가르친다」라고 했으므로 답은 선택지 4번이다.

<u>3</u> **'아오조라'에는 매년 농업에 도전하고자 하는 젊은이가 많이 들어와서라고 하는데 그 이유는 무엇인가?**

   1 '아오조라'에서는 휴가를 많이 얻을 수 있으므로
   2 '아오조라'에서는 회사 경영의 방법을 배울 수 있으므로
   3 '아오조라'는 옛날부터의 농업 방식을 지키고 있으므로
   4 '아오조라'는 일하기 좋은 환경을 만들었으므로

해설

두 번째 문단을 보면 「あおぞらでは今までにないいくつかの工夫によって、若者も働きやすい環境を作っている。 아오조라에서는 지금까지 없었던 여러 가지 궁리를 통해 젊은이도 일하기 좋은 환경을 만들고 있다」라는 말이 있다. 따라서 정답은 4번이다.

<u>4</u> **이 글 전체의 주제는 무엇인가?**

   1 노인과 농업
   2 앞으로의 농업
   3 가족으로 할 농업
   4 경험자에게 배우는 농업

해설

현재 농업이 처한 상황을 개선하기 위해 하고 있는 노력에 대해 나열하고, 마지막에 「新しい農業の形として期待されている 새로운 농업 형태로 기대되고 있다」라고 마무리했으므로 답은 선택지 2번이다.

문제가 3문인 중문 문제와 4문인 장문 문제의 경우 설명문과 그렇지 않은 글로 나뉜다. 설명문의 경우 밑줄이 없는 경우가 많은데, 이는 각 단락별로 설명하고자 하는 내용이 다르기 때문으로 보인다. 이와 같은 문제는 문제를 푸는 방법만 알아도 어느 정도 대비할 수 있다. 한편, 글이 기므로 글 전체를 다 읽어야만 문제를 풀 수 있다고 오해하는 학습자도 많다. 하지만 지금까지 출제된 문제들을 살펴보면 몇 가지 패턴을 찾아낼 수 있다. 그 패턴을 공략해 보자.

▶ 각 단락별로 각각의 문제가 다르다!

첫 번째 단락은 첫 번째 문제를, 두 번째 단락은 두 번째 문제를, 세 번째 단락은 세 번째 문제를 풀 수 있도록 문제가 출제된다. 따라서 단락별로 문제를 푸는 것이 유리하다. 만약 두 번째 문제를 풀 때 선택지에 첫 번째 단락에 나오는 내용이 나오면 그것은 대개 정답이 아니다. 즉, 오답을 지우는 첫 번째 조건이 된다. 단 텍스트 자체에 단락이 나누어져 있는 경우도 있지만, 텍스트 자체만으로 단락을 구분할 수 없는 경우에는 밑줄을 확인해서 단락을 구분하거나 접속사를 통해 구분하면 된다.

단락을 나누는 요령

- N3의 경우 지금까지 출제된 텍스트를 보면 텍스트 자체에 단락이 나누어져 있다.
- 접속사를 확인해라
- 밑줄을 확인해서 단락을 구분해라

▶ 밑줄 문제는 밑줄 문장의 앞뒤 두 줄 안에 정답이 있다!

N3은 특히 이런 문제가 많이 나오는 편인데, 밑줄의 인과관계를 묻는 문제인 경우 앞뒤 두 줄 안에 문제와 관련된 내용이 있기 때문이다. 따라서 그 내용을 파악하면서 밑줄 문제의 정답을 체크하면 된다. 특히 문장과 문장 사이에 들어 있는 접속사를 잘 살펴보자.

예를 들어 밑줄 문장 앞에「だから・それで・そのため・ですから」가 있다면 밑줄 문장은 결과가 되므로 이유를 묻는 문제가 나왔다면 접속사 앞에 오는 문장을 확인하면 된다. 반대로 밑줄 문장 뒤에「だから・それで・そのため・ですから」가 온다면 밑줄 문장이 이유를 나타내므로 결과를 묻는 문제가 출제될 것이다. 또한 밑줄 문장 뒤에 역접을 나타내는「しかし 그러나」가 오면 내용이 달라지므로 밑줄 문장 앞에 정답과 가까운 내용이 있는 경우가 많다.

또한 단락 첫부분에 등장한「それ・そこ 그것」등과 같은 지시어에 밑줄이 있는 경우에는 반드시 앞 단락 끝부분에 관련 내용이 있다는 사실도 함께 알아두자.

▶ 마지막 문제는 글의 주제를 묻는 경우가 많다!

JLPT 독해 문제는 대개 문단 순대로 그 내용을 묻는다. 따라서 마지막 문제는 글 마지막 단락에 나오는 저자의 주장, 글의 주제인 경우가 많다. 단 주의해야 할 것은 글의 주제를 묻는 문제라고 해서 전체 단락의 내용을 다 포함할 필요는 없다는 점이다.
마지막 단락에 쓰인 내용을 가지고 문제를 풀면 된다.

단, 본문에서 나왔던 부사나 형용사가 선택지에 나올 경우 오답일 가능성이 크다는
점에 주의하자. 또한 작가의 생각이 담긴 표현이 실제 어떤 의미를 가지고 있는지도
알아두어야 한다.

■ ～だろうか ～인 것일까 → ～ないかもしれない ～아닐지도 모른다
こんなものが芸術家だろうか。 이런 자가 예술가인 것일까?
→ こんなものは芸術家ではないかもしれない。 이런 자는 예술가가 아닐지도 모른다.

■ ～ではないだろうか ～이 아닐까 → 私は～だと思う 나는 ～라고 생각한다
このようなものが本当の教育者ではないだろうか。
이와 같은 자가 진정한 교육자가 아닐까.
私はこのようなものが本当の教育者だと思う。
나는 이와 같은 자가 진정한 교육자라고 생각한다.

■ だれが～するのだろう 누가 ～하는 것일까 → だれも～しない 아무도 ～하지 않는다
だれがああいうものを買うのだろう。 누가 저런 것을 사는 것일까?
だれもああいうものを買わない。 아무도 저런 것을 사지 않는다.

■ 何のために～するのだろう 무엇을 위해서 ～하는 것일까?
　　→ ～する理由は何もない ～할 이유는 아무것도 없다
彼は何のためにそんなに我慢するのだろう。 그는 무엇을 위해서 그렇게 참는 것일까?
彼は我慢する理由は何もない。 그가 참을 이유는 아무 것도 없다.

▶ **N3에서는 지시어가 지칭하는 것이 무엇인지 묻는 문제가 자주 출제된다.**

① 「これ 이것」이나 「それ 그것」이라는 지시어가 있다면 바로 앞 문장에 정답이 있
　는 경우가 많다.

② 단락 맨 처음에 「これ 이것」이나 「それ 그것」이라는 지시어가 있다면, 바로 앞
　단락 내용을 가리킨다.

③ 「ある～ 어느」라는 지시어가 있다면 새로 내용이 시작됨을 뜻하므로 그 뒷부분
　을 잘 살펴야 한다.

④ 「こう／そう／ああ」와 「こんな／そんな／あんな」는 각 「このような 이러
　한／そのような 그러한／あのような 저러한」을 의미한다.

문제이해　광고, 팸플릿, 정보지, 비즈니스 문서 등 정보를 담고 있는 700자 정도의 소재에서 필요한 정보를 검색해 내는 문제이다. 내용 전체를 다 읽고 이해하는 것보다 문제에서 묻고자 하는 목적이나 과제에 맞춰서 텍스트를 읽고 그에 맞는 정보를 파악하는 것이 중요하다. 예를 들어 여행 팸플릿을 보고 문제에 제시된 조건에 맞는 여행을 선택하거나 아르바이트 모집 광고를 보고 자신이 필요한 조건이나 정보를 찾아내는 등 글 안에서 필요한 정보를 얼마나 정확하게 찾는가가 중요하다.

기출문제유형　右のページは、「XYZ旅行社2月の旅行」の案内である。これをよんで、下の質問に答えなさい。答えは1・2・3・4から最もよいものを一つえらびなさい。 2011-1회

　1　リンさんは、スキーをしたいと思っている。スキー用具を持っていないので、無料で用具を借りられる旅行がいい。また、ぜひ温泉旅館に泊まりたいと思っている。リンさんの希望に合うのは、どの旅行か。

　1　①

　2　②

　3　③

　4　④

　2　金さんは、「みんなで沖縄4日間」の2月25日出発の旅行に参加する。料金を旅行社で支払う場合、いつまでに払わなければならないか。

　1　2月18日

　2　2月20日

　3　2月22日

　4　2月25日

XYZ旅行社　2月の旅行東京出発

1 スキー旅行

	旅行名	出発日	料金(円)	
①	飛行機で行く 北海道スキーの 4日間	4日、18日、25日(金)	42,000	温泉旅館に泊まります スキー用具の貸出は有料です
②	新幹線で行く 丸山スキー場4日間	4日、18日、25日(金)	28,000	お泊まりは温泉旅館です スキー用具が無料で借りられます
③	バス旅行 花見山スキー場 3日間	4日、18日、25日(金)	21,000	金曜の夜出発。ビジネスホテル利用 スキー用具が無料で借りられます
④	バス旅行 河口湖 スケートの一日	6日、20日、27日(日)	9,800	大型バスでの日帰り旅行 ホテルのランチと温泉が楽しめます

2 沖縄旅行

	旅行名	出発日	料金(円)	
⑤	ゆっくり沖縄 3日間	5日、19日、26日(土)	29,000	夕食は沖縄料理のバイキングです レンタカーが無料です
⑥	みんなで沖縄 4日間	4日、18日、25日(金)	48,000	ホテルには室外プールがあります レンタカーが無料です

(このほかにも、お楽しみいただける旅行を多数ご用意しております。)

・お申し込みは旅行社窓口、電話、メールで、出発日の1週間前までにお願いします。

・料金のお支払いは、銀行またはコンビニの場合、出発の5日前までにお願いします。旅行社で直接お支払いされる場合、出発の3日前までにお願いします。

・お申し込みのキャンセルには、キャンセル料がかかります。

XYZ여행사 2월 여행 (도쿄 출발)

1. 스키 / 스케이트 여행

	여행 명	출발일	요금(엔)	
①	비행기로 가는 홋카이도 스키 나흘간	4일, 18일, 25일 (금)	42,000	· 온천 여관에 묵습니다 · 스키 도구 대여는 유료입니다
②	신칸센으로 가는 마루야마 스키장 나흘간	4일, 18일, 25일(금)	28,000	· 묵는 곳은 온천 여관입니다 · 스키 도구를 무료로 빌릴 수 있습니다
③	버스 여행 하나미야마 스키장 사흘간	4일, 18일, 25일(금)	21,000	· 금요일 밤 출발.비즈니스 호텔 이용 · 스키 도구를 무료로 빌릴 수 있습니다
④	버스 여행 가와구치 호수 스케이트 하루	6일, 20일, 27일 (일)	9,800	· 대형 버스로 당일치기 여행 · 호텔 런치와 온천을 즐길 수 있습니다

2. 오키나와 여행

	여행 명	출발일	요금(엔)	
⑤	느긋한 오키나와 사흘간	5일, 19일, 26일 (토)	29,000	· 저녁밥은 오키나와 요리의 뷔페입니다 · 렌터카가 무료입니다
⑥	다 같이 오키나와 나흘간	4일, 18일, 25일 (금)	48,000	· 호텔에는 실외 수영장이 있습니다. · 렌터카가 무료입니다

(이밖에도 즐길 수 있는 여행을 다양하게 준비해 두었습니다.)

· 신청은 여행사 창구, 전화, 메일로 출발일 일주일 전까지 부탁드립니다.

· 요금 지불은 은행 또는 편의점의 경우 출발 5일 전까지 부탁합니다. 여행사에서 직접 지불하는 경우에는 출발 3일 전까지 부탁합니다.

· 신청 취소에는 취소 수수료가 듭니다.

오른쪽 페이지는 'XYZ 여행사 2월 여행'의 안내이다. 이것을 읽고 아래의 질문에 대답하시오. 대답은 1・2・3・4에서 가장 좋은 것을 하나 선택하시오.

① 린 씨는 스키를 타고 싶다고 생각한다. 스키 도구를 가지고 있지 않기 때문에 무료로 도구를 빌릴 수 있는 여행이 좋다. 또한 꼭 온천 여관에 묵고 싶다. 린 씨의 희망에 맞는 것은 어느 여행인가?

　1 ①

　2 ②

　3 ③

　4 ④

해설
스키를 타고 싶으므로 스케이트 여행인 4번은 정답이 될 수 없다. 스키 도구를 무료로 빌리고 싶다고 했으므로 스키 도구 대여가 유료인 1번도 정답이 아니다. 온천 여관에 묵고 싶다고 했으므로 비즈니스 호텔에서 묵는 3번도 정답이 아니다. 세 조건을 다 만족하는 여행은 선택지 2번이다.

2 김 씨는 '다 같이 오키나와 나흘간'의 2월 25일 출발 여행에 참가한다. 요금을 여행사에서 지불하는 경우 언제까지 내야 하는가?

  1 2월 18일
  2 2월 20일
  3 2월 22일
  4 2월 25일

해설
여행상품 아래쪽에 「旅行社で直接支払いされる場合、出発の三日前までにお願いします 여행사에서 직접 지불하는 경우에는 출발 3일 전까지 부탁합니다」라고 적혀 있다. 출발날이 25일이므로 3일 전인 22일이 정답이다.

비법 TIP

이 문제의 경우 텍스트를 다 읽었는지는 중요하지 않다. 오히려 다 읽지 않은 상태에서 원하는 정보를 빠르게 파악하는 것이 중요하다. 따라서 필요한 정보를 빨리 파악하기 위해서는 무엇이 필요한지 알아보자.

▶문제를 먼저 체크해서 무엇이 필요한가를 파악한다!

내용을 보기 전에 먼저 문제를 읽고 필요한 정보가 무엇인지 파악해야 한다. 기출문제유형 1번처럼 조건에 맞는 것을 선택하는 문제가 출제되기도 하고 개수를 묻는 문제가 출제되기도 한다. 선택지가「 1つ 한 개, 2つ 두 개, 3つ 세 개, 4つ 네 개」로 되어 있지 않은지 꼭 체크하자.

▶소제목을 먼저 읽는다!

내용을 다 읽는 것이 아니라 소제목, 예를 들어 참가자, 내용, 일시, 금액 등과 같은 소제목을 먼저 파악해서 어느 부분을 체크해야 할지 확인한다.

▶모집안내문인 경우 중요한 내용은 따로 표기해 놓는다.

만약 글이「～募集 모집, コンテスト 콘테스트」같은 모집안내문인 경우 글을 파악하기 전에 먼저「*, ( ),「　」,注意、そのほか」등과 같은 부분에 먼저 표시해 놓고 문제를 풀기 시작하는 것이 좋다. 중요한 내용이나 주의 사항은 다른 내용과 구분해서 표기해 놓는 경우가 많기 때문이다.

▶단락별로 문제가 출제된다!

중문이나 장문과 마찬가지로 단락별로 문제가 출제되는 경우가 많다. 만약 표에서 첫 번째 문제가 출제되는 경우, 두 번째 문제는 전체 글의 아랫부분인 설명란에서 출제되는 경향이 많기 때문에 그에 맞춰서 오답을 지우면 정답이 남는다.

01 JLPT 기출 어휘 체크

2015-1회

先輩 선배	コンビニ 편의점
ほかにも 그 외에도	例 예
周りに 주변에	日時 일시
お祝い 축하 선물, 축하 인사	～と存じます ～라고 생각합니다
最終的 최종적	結局 결국
営業部 영업부	拝見する 보다(見る의 겸양 표현)
単純に 단순히	環境 환경
若者 젊은이	気持ちとともに 기분과 함께
専門家によると 전문가에 따르면	～に囲まれている ～에 둘러싸여 있다
そのたびに 그 때마다	次第に気にならない 점점 신경이 쓰이지 않는다
自転車置き場 자전거 두는 곳	犯人 범인
管理人 관리인	回数 회수
政治 정치	自宅 자택
新鮮に感じる 신선하게 느끼다	何でもよく話す 무엇이든 자주 이야기하다
賛成 찬성	宣伝 선전
交換する 교환하다	帰国 귀국
返却 반환	

2014-1회

自己紹介 자기 소개	趣味 취미
親友 친한 친구	最初に 처음으로, 최초로
話しかけてくれた 말을 걸어 주었다	お互いに 서로
下手でも 서툴러도	仲良くなれたのだ 친해지게 된 것이다.
展覧会 전시회, 전람회	文化紹介 문화 소개
参加できる 참가할 수 있다	喫茶店 찻집

工業　공업　　担当者　담당자

名刺　명함　　企業向け　기업용

歯を磨く　이를 닦다　　発売　발매

ご希望があれば　희망이 있다면　　数日中に　며칠 안에

食前　식전　　食後　식후

性別　성별　　最も多く　가장 많게

年齢　나이　　その割合は　그 비율은

〜に従って　〜에 따라서　　なるほど　과연

性別に関係なく　성별과 관계없이　　絵を描く　그림을 그리다

美術の成績　미술 성적　　頑張らないといけない　노력하지 않으면 안 된다

一言も言わずに　말 없이, 한 마디도 없이　　点がとれない　점수를 받지 못하다(성적이 나오지 않는다)

専門学校　전문 학교　　卒業　졸업

科目　과목　　積極的な行動　적극적인 행동

広い考えを持てる　넓은 생각을 가질 수 있다　　自信を持って生きられる　자신 있게 살 수 있다

よく売れるようになる　잘 팔리게 되다　　宣伝　선전, 광고

容器の色や形　용기의 색과 모양　　売り切れる　매진되다, 다 팔리다

試験に合格する　시험에 합격하다　　うわさが広がる　소문이 퍼지다

古い製品　오래된 제품　　影響されずに　영향을 받지 않고

目的以外　목적 이외　　時期を選ばず　시기를 가리지 않고

卒業　졸업　　予約が取れない　예약을 못하다

サービス　서비스　　一流　일류

笑わせた　웃겼다　　次々と出てくる　속속 나오다

熱が下がらず　열이 내리지 않고　　まあまあ　그저

素晴らしい　훌륭하다.　　珍しい料理　독특한 요리

予想もしていなかった　예상도 하지 않았다　　栄養いっぱい　영양 가득

見舞いに来る　문병을 오다　　自然教室　자연 교실

親子　부모와 자식　　日帰り　당일치기

観察する　관찰하다　　集合時間　집합 시간

当日　당일　　木に登る　나무를 타다, 나무에 올라가다

詳しい　자세하다　　お振込みください　입금(이체)해 주세요.

洗濯物（せんたくもの） 세탁물	取り込む（とりこむ） 거두어 들이다
案内（あんない） 안내	パスポート 여권
分かる（わかる） 알다, 이해하다	申し込めば（もうしこめば） 신청하면
受け取る（うけとる） 수취하다, 납득하다, 이해하다	参加（さんか） 참가
ぜひまた出たい（でたい） 꼭 또 나가고 싶다	大都会（だいとかい） 대도시
車道（しゃどう） 차도	予想以上（よそういじょう） 예상 이상
夕ご飯（ゆうごはん） 저녁식사	当たり前（あたりまえ） 당연함
同じように（おなじように） 같게, 같은 것처럼	晩ご飯（ばんごはん） 저녁밥
言葉（ことば） 말, 언어	変だ（へんだ） 이상하다
パソコン用（よう） 컴퓨터용	めがね 안경
色がつく（いろがつく） 물이 들다	今度（こんど） 이번
外出（がいしゅつ） 외출	働ける（はたらける） 일할 수 있다
小説（しょうせつ） 소설	一本の棒（いっぽんのぼう） 막대기 한 자루
移る（うつる） 옮기다	言語（げんご） 언어
区別できる（くべつできる） 구별할 수 있다	眠っている（ねむっている） 잠들어 있다
代わりに（かわりに） 대신에	割引券（わりびきけん） 할인권
生まれ変わる（うまれかわる） 다시 태어나다, 싹 달라지다	古い服（ふるいふく） 오래된 옷
すばらしい 훌륭하다	価値（かち） 가치
生み出す（うみだす） 창출하다	特別価格（とくべつかかく） 특별한 가격
お腹がすく（おなかがすく） 배가 고프다	だんだん 점점
まぶしい 눈부시다	価格（かかく） 가격
干したまま（ほしたまま） 말린 채	苦手だ（にがてだ） 서투르다
古着（ふるぎ） 헌 옷	交換（こうかん） 교환
区別できる（くべつできる） 구별할 수 있다	券（けん） 티켓
禁止される（きんしされる） 금지되다	急な（きゅうな） 급한
期限（きげん） 기한	機会（きかい） 기회
多少（たしょう） 다소	当たり前（あたりまえ） 당연함
大勢の人（おおぜいのひと） 많은 사람	録音（ろくおん） 녹음
流行遅れ（りゅうこうおくれ） 유행에 뒤떨어짐	売り場（うりば） 매장

糸　실	募集　모집
目を守る　눈을 보호하다	無くした場合　잃어버린 경우
聞かせる　들려주다	謎を解く　수수께끼를 풀다
翻訳　번역	報告　보고
不要　불필요	秘密　비밀
箱　상자	実験　실험
言葉　말	温める　따뜻하게 하다, 데우다
用事　용무	応援を受ける　응원을 받다
衣類品　의류 제품	以降　이후
翌日　이튿날, 다음날	印象に残る　인상에 남다
入館する　입관하다	作り直し　다시 만듦
残りもの　남은 것, 남은 음식	正解　정답
周りの景色　주위의 경치	中心に　중심으로
持ち歩く　들고 다니다	指定　지정
畳む　(이불이나 옷을) 개다	最後　마지막, 최후
通行　통행	割引券　할인권
訓練　훈련	希望　희망

2013-1회

営業　영업	社員　사원
ご存知の方　아시는 분	記念品　기념품
賛成　찬성	この案　이 아이디어
代金　대금	雑誌　잡지
宣伝　선전	講演会　강연회
司会　사회	〜に取りに行く　〜에 받으러 가다
歩道　보도	景色を眺める　경치를 바라보다
バラバラだ　제각각이다	自然　자연
周りも変えない　주위도 바꾸지 않는다	しばらくしてみると　한동안 지나 보니
こちらの都合で　이쪽 사정으로	育ち方　자란 환경
習慣　습관, 풍습	直後　직후

～の違いに驚く　～의 차이에 놀라다	気にならない　신경이 쓰이지 않는다
勤めている　근무하고 있다	読書　독서
それぞれ　제각각	活動　활동
遅刻　지각	成績　성적
姿勢　자세	効果が現れる　효과가 나타나다
積極的　적극적	参加する　참가하다, 참석하다
工夫　궁리, 아이디어, 생각	意見を交換する　의견을 교환하다
感想文を書く　감상문을 쓰다	小説　소설
遅れる　늦다	～とともに思い出させる　～와 함께 떠올리게 하다
特徴　특징	休ませる　쉬게 하다
集中力をつける　집중력을 기르다	人工的　인공적
満足感　만족감	衣類　의류
専門家　전문가	ほとんど　대부분
慣れる　익숙해지다	消費行動　소비 활동
行動を起こさせる　행동을 일으키게 하다	花を飾る　꽃을 장식하다
不思議な力　신기한 힘	自転車置き場　자전거 주차장
開始できる　개시할 수 있다	希望する　희망하다
受付時間　접수 시간	利用者マーク　이용자 마크
通行　통행	ゆっくり走る　천천히 달리다
不用な商品　불필요한 상품	何かを考えさせる　무언가를 생각하게 하다
満足感を持たせる　만족감을 갖게 하다	

交流会　교류회	出席　출석
出口　출구	集合　집합
直接　직접	前日　전일, 전날
代表　대표	生地　옷감, 반죽
各地　각지	競争する　경쟁하다
勝者　승자	若者　젊은이
旅行　여행	見学　견학

語る 이야기하다	優勝 우승
整理 정리	休館 휴관
注意 주의	日程 일정
横 옆	返却 반환
以降 이후	窓口 창구
協力 협력	心が引かれる 마음이 끌리다
印象的 인상적	試食 시식
研究 연구	出発点 출발점
実は 실은	偶然 우연
喜んでいる 기뻐하고 있다	半年 반년
骨折 골절	転ぶ 넘어지다
食欲が落ちる 식욕이 떨어지다	体重が減る 체중이 줄다
訓練 훈련	～に誘われる ~에게 권유를 받다
通いはじめる 다니기 시작하다	仲間 동료
価値がある 가치가 있다	感謝する 감사하다
怪我が治る 상처가 낫다	生きる力 살아가는 힘
引き出す 끌어내다	距離 거리
単位 단위	細かい 자잘하다, 자세하다
適当な 적당한	計算する 계산하다
厳しい 엄격하다	微妙に 미묘하게

2012-1회

お腹がすいている 배가 고프다	けっこうあります 제법 있습니다.
ご都合に合わせる 상황에 맞추다	ご用意ください 준비해 주세요
ご希望の方 희망하시는 분	ずっと続けられる 쭉 계속할 수 있다
ふとんをかぶる 이불을 뒤집어쓰다	まだまだ 아직
渡される 건네받다	ゆっくり 천천히
感動する 감동하다	驚いたことに 놀랍게도
景色 경치	空が広がる 하늘이 펼쳐지다
工夫が必要だ 궁리가 필요하다	広告 광고

交流会（こうりゅうかい）　교류회	起き上がる（おきあがる）　일어나다
気持ちを表す（きもち／あらわ）　감정을 나타내다	緊張を解く（きんちょう／と）　긴장을 풀다
徒歩（とほ）　도보	途中（とちゅう）　도중
都合がいい（つごう）　형편이 좋다	読書（どくしょ）　독서
練習室（れんしゅうしつ）　연습실	料理を注文する（りょうり／ちゅうもん）　요리를 주문하다
利用可能（りようかのう）　이용 가능	売れている（う）　팔리고 있다
目覚める（めざ）　잠을 깨다	無料で（むりょう）　무료로
黙っている（だま）　침묵을 지키고 있다, 입을 다물고 있다	泊まる（と）　머물다
発見ができそうで（はっけん）　발견할 수 있을 것 같아서	不安そうな（ふあん）　불안한 듯한
不安の多い社会（ふあん／おお／しゃかい）　몹시 불안한 사회	夕焼け（ゆうや）　석양
咲く（さ）　(꽃이) 피다	修理する（しゅうり）　수리하다
心を落ち着かせる（こころ／お／つ）　마음을 진정시키다	我慢できれば（がまん）　참을 수 있다면
預かる（あず）　맡기다	安心する（あんしん）　안심하다
意味も分からず（いみ／わ）　의미도 모르고	意外と（いがい）　의외로, 뜻밖에
人気が集まっている（にんき／あつ）　인기가 모이고 있다	人数（にんずう）　인원수
一日中（いちにちじゅう）　하루 종일	一週間がたちました（いっしゅうかん）　일주일이 지났습니다
田舎（いなか）　시골	丁寧に（ていねい）　정성스럽게
程度で（ていど）　정도로	朝早く（あさはや）　아침 일찍
足音（あしあと）　발소리	直す（なお）　(고장난 것, 틀린 것을) 고치다
窓（まど）　창문	初級（しょきゅう）　초급
祝日（しゅくじつ）　공휴일	最大（さいだい）　최대
回数（かいすう）　횟수	通りかかる（とお）　(때마침) 지나가다
疲れを取る（つか／と）　피로를 풀다	何事も（なにごと）　무슨 일도
火をつける（ひ）　불을 붙이다	活動的にさせる（かつどうてき）　활동적으로 만든다
会場を探す（かいじょう／さが）　회장(장소)을 찾다	効果に期待する（こうか／きたい）　효과에 기대하다
希望に合う（きぼう／あ）　희망에 맞다	

2012-2회

未満（みまん）　미만	あて先（さき）　수신인, 수신처
滑れなかった（すべ）　(스키를) 탈 수 없었다	休日（きゅうじつ）　휴일

あまり喜んでもらえなかった　그다지 기뻐해 주지 않았다

お知らせ　공지, 알림　　　　ご連絡ください　연락해 주세요

そこまで考える　거기까지 생각하다　　　ピクニックに出かけた　소풍을 가려고 외출했다

もうすぐ　이제 곧　　　　可能な　가능한

間隔　간격　　　　件名　사건명, 제목

建設費がかかる　건설비가 들다　　　届く　(물건, 마음이) 도착하다

光を浴びる　빛을 쬐다　　　郊外　교외

急行の数が増える　급행 수가 늘어나다　　　大きな傷　큰 상처

到着した　도착했다　　　買い取る　사들이다

問題を解決する　문제를 해결하다　　　物があふれる　물건이 넘치다

味がいい　맛이 좋다　　　半分以上　절반 이상

発車　발차　　　防水　방수

服装　복장　　　不用になったもの　쓸모가 없어진 것

写真が付いている　사진이 붙어 있다　　　相談を受ける　상담을 받다

受け付ける　허용하다　　　乗車　승차

始発　첫차 (전철)　　　植えられている　(식물이) 심어져 있다

食べた跡　먹은 자국　　　身につける　(기술을) 습득하다, (옷을) 입다

安いからといって　싸다고 해서　　　安い値段　저렴한 가격

野菜が育つ　채소가 자라다　　　栄養がある　영양이 있다

汚れ　얼룩, 때　　　温度や湿度　온도 및 습도

腰を曲げて　허리를 구부리고　　　友だちに誘われる　친구에게 초대 받다

郵送する　발송하다　　　運転される　운전하시다

有料になる　유료가 되다　　　翌日　이튿날

日常生活　일상생활　　　適当な　적당한

電車のダイヤ　전철 운행시간표　　　店に置く　가게에 두다

整理　정리　　　下手だ　서툴다

証明書　증명서　　　足跡　발자국

種類　종류　　　重ねて作る　여러 번 만들다

中心部にある　중심부에 있다　　　池　연못

地面で育てる　지상에서 기르다　　　次々と　차례차례로

最も　가장	最後に　마지막으로
誕生日　생일	花見の場所　꽃놀이 장소
環境　환경	

農業　농업	～ごろから　～무렵부터
あわてる　허둥대다	お年寄り　노인
お別れ会　송별회	お知らせ　공지, 알림
その数　그 수	においがする　냄새가 나다
ぶらぶら　어슬렁어슬렁	ほっとする　안심하다(⊕安心する)
感じる　느끼다	感心する　감탄하다
個人　개인	経験　경험
故障　고장	空き地　공터
広い庭　넓은 정원	給料を払う　월급을 지불하다
気がつかず　알아차리지 못하고	記念品代　기념품 대금
期待される　기대되다	基礎的　기초적
機会　기회	内容　내용
年齢　연령, 나이	大勢いる　(사람이) 많이 있다
大人　어른	道を歩く　길을 걷다
道路　도로	同じ香り　같은 향기
落ちる　떨어지다	頼む　부탁하다
裏にある　뒤에 있는, 뒤에 있다	隣の家　옆집
返信　대답, 답장	発展　발전
壁のしみ　벽에 생긴 얼룩	変化する　변화하다
付き合い　사귐, 교제	付き合い方　사귀는 법, 교제 방식
体力　체력	飛ぶ　날다
思い出す　생각해 내다	捨てる　버리다
削られる　깎이다	散歩　산책
状態　상태	書類　서류
昔　옛날	送信　송신

修理 수리	収入 수입
順番 순서	室内 실내
影響を与える 영향을 끼치다	汚れがつく 얼룩이 묻다
屋外 실외, 야외	用意 준비
雲 구름	芸術家 예술가
音楽 음악	翌朝 이튿날 아침
印刷 인쇄	人数分 인원수만큼
一年中 1년 내내	一晩 하룻밤
資料 자료	自然に 자연히, 저절로
田舎 시골	済んだら 끝나면
祖父と祖母 할아버지와 할머니	調査 조사
重大 중대함	贈りたい 보내고 싶다
持ち続ける 계속 갖다	支店 지점
戻る 되돌아가다	土に触る 흙을 만지다
投げる 던지다	表す 표현하다
荷物 짐	解決できる 해결할 수 있다
香り 향기	懐かしい思い出 그리운 추억
休みを取る 휴가를 내다	

2011-2회

結婚 결혼	お祝い 축하 선물, 축하 인사
日時 일시	人数 인원수
ご相談したい 상담하고 싶다	～と存じます ~라고 생각합니다
ご予約いただき 예약해 주셔서	増やす 늘리다
歯磨き 양치질	替える 바꾸다
皮をむく 껍질을 벗기다	軟らかい食べ物 부드러운 음식
箱 상자	歯を丈夫にする 이를 튼튼히 하다
調子が悪い 상태가 나쁘다	連絡 연락
必要があるかどうか 필요가 있는지 어떤지	準備 준비
実際 실제	研究所 연구소

材料 재료	いくら〜てもいいのなら 얼마든지 〜라도 좋다면
減る 줄다	知識 지식
順番 순번	年齢 연령
次第に 점차	関係 관계
長ければ長いほど 길면 길수록	咲かせる (꽃을) 피우다
季節 계절	年をとる 나이를 먹다
呼吸 호흡	知識が広がる 지식이 퍼지다
残念 유감스러움	大勢の人 많은 사람
掃除 청소	目標 목표
程度 정도	距離を延ばす 거리를 늘리다
割引料金 할인 요금	料金を支払われる 요금을 지불하게 되다
キャンセルする 취소하다	早めに 이른
早期 초기	〜ずつ 〜씩
持参 지참	証明する 증명하다
夜間 야간	昼間 낮
目標を決める 목표를 정하다	木が枯れる 나무가 마르다
囲む 둘러싸다	踏まれる 밟히다
自宅 자택	領収書 영수증
針 바늘(침)	歯 이, 치아
守る 보호하다, 지키다	神社 신사
がっかりする 실망하다	根 (식물)뿌리

2010-1회

あつかう材料 취급하는 재료	いくらでも 얼마든지
うかがいたい 방문하고 싶다, 묻고 싶다	お礼の気持ち 감사하는 마음
お世話になっております 신세를 지고 있습니다	ご都合のよい日 여건이 좋은 날
ご覧ください 봐 주세요	しっかり 제대로, 튼튼히
ぜひ一度 꼭 한 번	その横 그 옆
それほど難しくない 그렇게 어렵지 않다	どきどき 두근두근
にこにこ 생긋생긋, 싱글벙글	開館 개관

健康に気をつける	건강에 신경 쓰다	見つける	찾다, 발견하다
結局	결국	苦労はありそうだ	고생은 있을 것 같다
壊す	부수다	規則	규칙
近所	근처, 근방	禁止	금지
機械	기계	記念	기념
担当	담당	単純に	단순하게
担任	담임	道	길
力を合わせて	힘을 모아서	頼む	부탁하다
毎晩	매일 밤	物差し	척도
美術館	미술관	発売	발매
方法	방법	払わされる	(억지로) 내다, 지불하다
思い出	추억	捨てれば	버리면
選ぶ	고르다, 선택하다	選択	선택
小遣い	용돈	笑顔	웃는 얼굴, 미소
消印	소인	送る	보내다
守らなかった	지키지 않았다	収入	수입
減る	줄다	新聞紙	신문지
新学期	신학기	実際	실제
心から楽しむ	진심으로 즐기다	愛着される	애착 받다
様々だ	여러 가지다, 가지각색이다	様子	모습
言葉	말, 단어	熱心に	열심히
営業部	영업부	外食	외식
用意する	준비하다	有効とする	유효로 하다
応募	응모	作り変える	다시 만들다
雑誌	잡지	長い間	오랫동안
場所	장소	場合によって	경우에 따라서
再使用	재사용	全員	전원
切手	우표	町	마을
卒業	졸업	種類	종류
重なる	겹치다	重要だ	중요하다

増える　늘어나다

指定　지정

さしあげる　드리다

参加費　참가비

撮影　촬영

最近　최근

最終的　최종적

出し合い　서로 내는 것

値段が安い　가격이 싸다

特別　특별함

閉店　폐점

疲れる　지치다

嫌な顔　싫은 얼굴

形　모양, 형태

話し合う　이야기를 나누다

吸う　피우다, (숨을) 쉬다

〜について　〜에 관해서

わずか　겨우, 고작

減らす　줄이다

開始　개시

建物　건물

建築　건축

鏡　거울

計画を立てる　계획을 세우다

企業　기업

女性誌　여성지

単純　단순함

動作させる　동작을 하게 하다

歴史　역사

毎年　매년

明るい壁　밝은 색 벽

無料　무료

文化センター　문화 센터

美容室　미용실

博物館　박물관

返信　답신

普通　보통

想像する　상상하다

生け花　꽃꽂이

説明する　설명하다

世代　세대

新製品を生産する　신제품을 생산하다

予約を行う　예약을 하다

外観　외관

友人　친한 친구

日本料理　일본 요리

作動　작동

将来的　장래적(장기적)

全体　전체

全額　전액

前後　전후

調査開始　조사 개시

朝食　조식

種類　종류

注意事項　주의 사항

増加　증가

滞在する　체재하다	最終的　최종적
充電する　충전하다	誕生日　생일
通勤する　통근하다	販売している　판매하고 있다
割引クーポン　할인 쿠폰	割合　비율
回答　회답, 대답	効果的な方法　효과적인 방법

1 독해에서 자주 보이는 표현

☐ 急に・いきなり・突然～出す　갑자기 ~하기 시작하다

☐ ～なくて　~않아서

☐ ～ないで　~않고 (윤 ~ずに) (* する→せずに)

☐ ～のに　~했는데(불평, 불만), ~하는데(준비)

☐ ～たり～たりする　~하거나 ~하거나 하다

☐ ～に比べて～は　~에 비해 ~는 (윤 ~は～と比べて ~는 ~와 비교해서)

☐ ～は～と違う　~는 ~와 다르다

☐ ～として　~로서(입장, 자격, 직업)

☐ ～とは　~란, ~라는 것은 (윤 ～というのは) (정의할 때 사용)

☐ ～にとって　~에게, ~에 있어서

☐ ～向け　~용

☐ ～かどうか　~인지 어떤지

☐ ～かないか　~인지 아닌지

☐ ～てもかまわない　~해도 상관없다

☐ ～かもしれない　~할지도 모른다

☐ ～ことができる　~하는 것이 가능하다, ~할 수 있다

☐ ～ことにする　~하기로 하다(결심)

☐ ～ことになる　~하게 되다

☐ ～こともある　~인 경우도 있다

☐ ぜひ～たい　꼭 ~하고 싶다

☐ ぜひ～てください　꼭 ~해 주세요

☐ ～そうだ　~라고 한다, ~일 것이다

☐ ～そうな　~할 것 같은

☐ ～だけではない　~만이 아니다, ~뿐이 아니다

☐ ～たことがある　~한 적이 있다

☐ ～だと思う　~라고 생각하다

☐ ～ため　~하기 위해

☐ ～たことで　~한 것으로 인해

□ 〜たかどうか　〜했는지 어떤지

□ 〜た後で　〜한 후에

□ 〜ている　〜하고 있다(진행), 〜해져 있다(상태)

□ 〜てください　〜해 주세요

□ 〜てくれる　〜해 주다

□ 〜てしまう　〜해 버리다, 〜하고 말다

□ 〜てほしい　〜해 주었으면 좋겠다, 〜하기를 바라다

□ 〜てみる　〜해 보다

□ 〜という　〜라고 하는

□ どうしても〜たい　아무래도 〜하고 싶다

□ 〜ところに　(마침) 〜할 때, 하려는 차에

□ 〜と思っている　〜라고 생각하고 있다

□ 〜なければならない　〜하지 않으면 안 된다, 〜해야 한다

□ 〜なら　〜라면, 〜한다면

□ 〜にくい　〜하기 어렵다, 하기 불편하다

□ 〜について　〜에 관해서

□ 〜ので　〜하기 때문에

□ 〜にとって　〜에게 있어서, 〜에게

□ 〜に来て　〜에 와서

□ 〜に誘われる　〜하러 권유 받다

□ 〜ので　〜때문에

□ 〜のですが　〜입니다만

□ 〜のような＋명사　〜와 같은

□ 〜はずだ　〜할(일) 것이다

□ 〜ながら　〜하면서

□ 〜変える　새로 〜하다

□ 〜続く　계속 〜하다

□ 〜始める　〜하기 시작하다

□ 〜直す　다시 〜하다

□ 〜合い　서로 〜하다

□ 〜すぎる　너무 〜하다

□ まるで〜のようだ　마치 〜같다

□ 〜やすい　〜하기 쉽다

□ やっと＋가능동사　겨우 〜하게 되다

- [ ] ～ように　～하도록, ~하게끔
- [ ] ～ようになる　～하게 되다
- [ ] ～より～の方がいい　～보다 ~쪽이 좋다
- [ ] ～らしい　～인 것 같다, ~인 듯하다
- [ ] ～ことで　～함으로써
- [ ] ～ことができる　～할 수 있다.
- [ ] ～はずはない　～일 리가 없다
- [ ] ～になる　～가 되다
- [ ] ～でも　～해도 (윤 ～だって)
- [ ] ～に忘れる　(장소)에 놓고 오다
- [ ] ～でなくす　～에서 잃어버리다
- [ ] 必ず～ください　반드시 ~해 주세요.

2　독해에서 자주 보이는 부사

- [ ] 思い切り　선뜻, 맘껏
- [ ] ゆっくり　천천히(＋～話す／～歩く 천천히 이야기하다/걷다), 느긋하게(＋～休む 느긋하게 쉬다)
- [ ] のんびり　한가로이(＋～する 한가롭다, 여유롭다)
- [ ] にっこり　빙그레(＋笑う 웃다)
- [ ] しっかり　제대로, 확실히, 튼튼히 (윤 丈夫だ)
- [ ] さっぱり　전혀(＋부정 표현)
- [ ] こっそり　몰래(윤 そっと, 静かに)
- [ ] いきなり　갑자기(윤 突然・急に)
- [ ] すっかり　완전히(＋～てしまう　완전히 ~해 버리다)
- [ ] 別々　따로따로
- [ ] 続々　잇달아, 연달아(윤 どんどん, 次々)
- [ ] ぶらぶら　어슬렁어슬렁
- [ ] にこにこ　싱글벙글(윤 にっこり)
- [ ] どんどん　점점, 잇달아, 연달아
- [ ] つくづく　곰곰이, 골똘히(윤 よくよく)
- [ ] うろうろ　어슬렁어슬렁(한 곳)
- [ ] いよいよ　드디어, 결국(윤 とうとう・ついに)
- [ ] だんだん　점점
- [ ] たった　단지, 다만, 고작
- [ ] もっと　좀더, 한층(윤 さらに・なお)

- やっと　겨우 간신히(윤 ようやく)
- 必死に　필사적으로
- 主に　주로
- 要するに　이를테면
- 非常に　매우, 상당히(윤 とても)
- 別に　그다지 별로(윤 あまり)
- 自然に　저절로
- すでに　이미, 벌써(윤 もう)
- すぐに　곧장, 즉시(윤 ただちに)
- とっくに　훨씬 전에, 벌써
- 確かに　확실히
- 結構　그런대로, 제법
- ほとんど　대부분
- たしか　확실히
- 大体　대체로(윤 おおよそ)
- 早速　즉시
- このごろ　요즘, 최근(윤 最近)
- きちんと　제대로(윤 ちゃんと)
- しばらく　한동안
- いつの間にか　어느샌가
- 思わず　엉겁결에, 뜻하지 않게
- つい　무심결에
- たぶん・おそらく　아마도, 필시
- そのうち　머잖아
- きっと　분명, 필시
- できるだけ・なるべく　가능한 한, 되도록
- それほど　그만큼(＋부정 표현)

① 원인과 이유

- したがって   그러므로, 그 결과, 따라서
- その結果^{けっか}   그 결과
- そのために   그렇기 때문에
- それで   그래서
- なぜなら   왜냐하면
- だから   그러니까, 그래서

② 때, 조건, 이유

- すると   그러자
- そこで   그래서, 그런데
- それから   그러고 나서
- それでは・それじゃ   그러면, 그렇다면
- それなら   그렇다면, 그러면
- では・じゃ   자, 그럼

③ 역접

- けれど(も)・だけど   그렇지만
- しかし   그러나, 그렇지만, 그런데
- それでも   그런데도, 그래도
- それなのに   그런데도
- それにしても   그렇다 치더라도
- それにもかかわらず   그런데도 불구하고
- だが   그렇지만
- でも   그러나
- ところが   그랬더니, 그런데

④ 첨가 접속사

- しかも   게다가
- そして   그리고
- そのうえ   게다가
- それから   그리고
- それに   그런데도
- また   또한

⑤ 병립 접속사

□ および　및

⑥ 선택 접속사

□ あるいは　또는

□ それとも　그렇지 않으면

□ または　또는

⑦ 설명 접속사

□ ただし　단, 다만

□ なお　더구나

□ ちなみに　덧붙여 말하자면

□ もっとも　그렇다고는 하지만, 단(㊤ただし)

⑧ 화제전환을 위한 접속사

□ さて　그런데

□ ところで　그건 그렇고

청해편

- 문제 유형별 설명 및 비법 TIP
1 기출 어휘 체크
2 JLPT 완벽대비

문제 유형별
설명 및 비법 TIP

문제이해　과제이해는 과제를 해결하는 데에 필요한 구체적인 정보를 듣고 앞으로 해야 할 적절한 행동을 찾는 문제이다. 지시나 조언을 하는 장면이 자주 나온다. 과제를 명확하게 이해하기 위해서는 문제의 지문을 듣기 전에 상황 설명과 선택지를 먼저 체크해 두는 것이 중요하다.

문제 흐름

상황설명문, 질문문 → 대화문 → 질문문 반복 → 선택지 고르기(인쇄)

① 인쇄된 선택지나 그림을 먼저 확인한다.
② 상황설명문과 질문문을 듣고 대화문을 듣는다.
③ 대화문을 들으며 4개의 인쇄된 선택지에서 맞는 내용을 고른다.
④ 다시 한 번 질문을 들으며 답을 확인한다.
⑤ 질문을 들려준 후, 몇 초 동안 정답을 확인할 시간이 주어진다.

상황설명 – 딸이 전하는 내용에 주목

기출문제유형　유형1 女の人と母親が話しています。女の人は友達に何をプレゼントしますか。

2011-1회

女1 : お母さん、友達に赤ちゃんが生まれたんだけど、お祝い何がいいと思う？

女2 : そうね。よく贈るのは、着るものとか、おもちゃだけどね。

女1 : そうだよね。私も服がいいなって思うんだけど。

女2 : ただみんな赤ちゃんの服やおもちゃをあげるでしょう？
　　　だから、友達に使ってもらえるものをあげるのもいいんじゃない？
　　　　　　　　　　친구가 사용할 수 있는 것을 주면 어떻냐고 했으므로 1번과 2번은 답에서 제외

女1 : えっ、服とか？

女2 : 服もいいけど、赤ちゃんが生まれると着替えとかタオルとかいろいろ持ち
　　　　　　　　　　옷이 좋다고 했지만 뒤에 「けど」라는 역접 접속사가 왔으므로 3번도 제외
　　　歩くものが多くなるでしょ。
　　　だから、たくさん入るバッグなんかどう？　あなたが生まれたとき、もらっ
　　　　　　　　　　4번 선택지 제시
　　　てうれしかったわ。

女1 : そっか、じゃあ、私もそうしよう。 4번 선택지에 관해서 긍정적인 반응을 보임 – 4번이 정답

女の人は友達に何をプレゼントしますか。
1 赤ちゃんのふく
2 赤ちゃんのおもちゃ
3 友だちのふく
4 友だちのバッグ

여자와 어머니가 이야기하고 있습니다. 여자는 친구에게 어떤 선물을 합니까?

여1 : 엄마, 친구에게 아기가 태어났는데 축하 선물로 무엇이 좋을 것 같아?

여2 : 그래? 자주 주는 것은 입는 것이나 장난감인데.

여1 : 그렇지? 나도 옷이 좋겠다는 생각은 하는데.

여2 : 다만 다들 아기 옷과 장난감을 주잖아? 그러니까 친구가 사용할 수 있는 것을 주는 것도 좋지 않을까?

여1 : 그러네. 옷이라든지?

여2 : 옷도 좋지만. 아기가 태어나면 갈아 입을 옷이라든지 수건이라든지. 여러 가지 가지고 다닐 것이 많아지니까. 많이 들어가는 가방 같은 건 어때? 나도 네가 태어날 때 받아서 기뻤었어..

여1 : 그런가. 그럼. 나도 그렇게 해야지.

여자는 친구에게 무엇을 선물합니까?
1 아기 옷
2 아기 장난감
3 친구 옷
4 친구 가방

유형2 母親と息子が話しています。息子はこのあと、まず何をしますか。 2011-1회

女：あっ、太郎、今から出かけるの？
　　　　　　　　　　　　　　　　선택지 1번과 관련있는 내용이지만 '우선'이라는 말이 없으므로 답에서 제외
男：うん。駅前の映画館で友だちと映画見てくる。
　　　　　　　　　　　　　　　　　　　　　　2번 선택지 제시
女：あ、そう。それなら、駅前の郵便局に寄って、この荷物、出してってくれない？
男：えー。ちょっと本屋に寄ろうと思ってたのになあ。まあ、映画のあとにするか。じゃあ、出してきてあげるよ。
　　　　　　　　　　　　　　　　선택지 3번이 제시되나 영화의 「あと 다음」이라고 했으므로 오답
女：ありがとう。急ぎだから、映画の前に行ってね。はい、お金。
男：え、こんなにかかるの？
　　　　　　　　　　　급한 것이니 영화 전에 다녀왔으면 좋겠다고 말하고 있음 – 2번이 정답
女：余った分はご飯代にでも使いなさい。
男：やった。
　　　짐을 부치고 남은 돈으로 밥을 먹으라고 했으므로 4번은 오답

息子はこのあと、まず何をしますか。
1 映画を見る
2 にもつを出す
3 本屋に行く
4 ご飯を食べる

아들은 이후에 먼저 무엇을 합니까?
　1　영화를 본다
　2　짐을 부친다
　3　서점에 간다
　4　밥을 먹는다

비법 TIP

시험지를 받은 뒤 1번 문제가 제시될 때까지 주어지는 2분 40초 동안 인쇄된 6번까지의 선택지와 그림을 반드시 먼저 체크한다. 그러고 나서 대화문을 들으면서 선택지와 비교하여 오답을 지운다. N3의 경우 선택지에 제시되는 어휘가 장면 속에서 그대로 나오는 경우가 많으므로 꼭 미리 확인해 둘 필요가 있다.

▶ 선택지의 어휘와 그림을 살펴라!

N3은 선택지가 문장(어휘)인 경우도 있고 그림으로 제시되는 경우도 있다. 이때 제시되는 어휘나 그림이 대화문에 그대로 나오는 경우가 많으므로 대화문을 듣기 전에 어떤 어휘가 나올지 미리 파악하는 것이 중요하다. 케이크 그림이 선택지로 제시된다면 케이크에 글씨가 적혀 있지 않은지, 초는 몇 개나 있는지 등을 미리 살펴두자.

▶ 반복되는 공식을 파악해라!

N3의 경우 선택지를 살펴보면 반복되는 공식이 있다. 예를 들어 유형1 문제를 보면 선택지가 「① 赤ちゃんのふく、② 赤ちゃんのおもちゃ、③ 友だちのふく、④ 友だちのバッグ」라고 제시되었다. 정답을 고르려면 우선 「赤ちゃん」과 「友だち」 중 하나를 선택해야 한다. 그러고 나서 만약 「赤ちゃん」을 골랐다면 「ふく」와 「おもちゃ」 중에서 「友だち」를 골랐다면 「ふく」와 「バッグ」 중에서 하나를 골라야 한다. 미리 선택지를 보고 골라야 할 것을 파악해 두면 대화문을 들을 때 무엇에 집중해야 할지 금방 알 수 있다.

▶ 질문에 따라 지우는 오답이 달라진다!

「何を注文しますか 무엇을 주문합니까」와 같이 물건을 물을 때는 필요 없다고 한

170

물건이나 이미 준비된 물건의 선택지를 지운다. 「何をしなければなりませんか 무엇을 해야 합니까」와 같이 행동을 묻는 문제가 출제되는 경우에는 대화 내용과 반대되는 내용을 찾아야 한다. 예를 들어 대화문에「窓は開けてあるから 창문은 열려 있으니까」라는 말이 나온다면 선택지 중「窓を開ける」는 오답이다. 반대말인「窓を閉める 창문을 닫는다」가 정답일 가능성이 있다.

<table>
<tr><td colspan="2">필요가 없음, 혹은 이미 준비되었음을 나타내는 표현</td></tr>
<tr><td>~要らない</td><td>~필요없다</td></tr>
<tr><td>~なくてもいい</td><td>~없어도 괜찮아</td></tr>
<tr><td>もう~てある</td><td>벌써 ~해졌어</td></tr>
<tr><td>いいよ</td><td>괜찮아</td></tr>
<tr><td>大丈夫だ</td><td>괜찮아</td></tr>
<tr><td>まだある</td><td>아직 있어</td></tr>
<tr><td>まだ使える</td><td>아직 사용할 수 있어</td></tr>
</table>

<table>
<tr><td colspan="2">해야만 함을 나타내는 표현</td></tr>
<tr><td>~なきゃ</td><td>~하지 않으면 안 된다, ~해야 한다</td></tr>
<tr><td>~が要る</td><td>~가 필요하다</td></tr>
<tr><td>~は、まだ</td><td>~은 아직(안 했다)</td></tr>
<tr><td>~ないと困る</td><td>~없으면 곤란하다</td></tr>
<tr><td>~ たほうが</td><td>~하는 편이</td></tr>
</table>

▶ 순서를 묻는 문제에서는「まず 먼저, 最初 최초」를 기억하라!

N3의 경우 많이 출제되는 패턴의 문제는 아니지만 가끔씩 출제되기도 하므로 어떤 문제인지 살펴두어야 한다. 먼저 해야 할 일이 무엇인지 묻는 문제이므로 순서를 나타내는 부사나 접속사 등을 미리 알아 두면 본문을 내용에 맞추어 들을 수 있다.

<table>
<tr><td colspan="2">순서를 나타내는 표현</td></tr>
<tr><td>それから</td><td>그리고 나서</td></tr>
<tr><td>~前に</td><td>~전에</td></tr>
<tr><td>~後で</td><td>~후에</td></tr>
<tr><td>~てから</td><td>~하고 나서</td></tr>
<tr><td>~たら</td><td>~한 후에</td></tr>
<tr><td>~ないうちに</td><td>~하기 전에</td></tr>
</table>

<table>
<tr><td colspan="2">언제 할지 나타내는 부사</td></tr>
<tr><td>先に</td><td>먼저</td></tr>
<tr><td>今すぐ</td><td>지금 당장</td></tr>
<tr><td>急いで</td><td>서둘러서</td></tr>
<tr><td>後で</td><td>나중에</td></tr>
</table>

N3에서는 간혹 금액이나 시간을 묻는 문제가 출제된다. 금액의 경우 총지불액을 묻는 문제가 자주 출제되는데 이용이 처음인지 아닌지에 따라서 「入会費 입회비」나 「カード代 카드 대금」과 같은 것이 발생하기도 한다. 거기에 「使用料 이용료」나 추가로 발생할 수 있는 「追加料金 추가 요금」을 합산하여 답을 고르면 된다. 또한 입장료를 묻는 문제가 출제되는 경우에 「大人 성인, 学生 학생, 子供 어린이」의 각 인원수와 요금을 확인해 둔다.

시간을 묻는 문제에서 '출발 시간'을 물을 때는 약속 시간에서 걸리는 시간을 역으로 계산해서 빼고, '약속 시간'을 물을 때는 출발 시간부터 걸리는 시간을 하나씩 계산하면 된다.

가장 중요한 것은 절대 들으면서 머리로만 생각하지 말고 시험지에 적어가면서 계산하는 것이 좋다는 점이다.

· 금액

총 지불액(いくら払うか)
= 入会費・カード代 (＋使用料＋追加料金, はじめて의 경우)

· 시간

출발시간 = 약속시간 − 걸리는 시간

약속시간 = 출발시간 ＋ 걸리는 시간

문제이해 포인트 이해는 사전에 제시된 내용을 바탕으로 중요 포인트에 초점을 맞추어 내용을 이해할 수 있는지 묻는 문제이다. 이 문제의 경우 다른 문제와 달리 상황설명과 질문을 먼저 제시한 후 인쇄된 선택지를 읽을 수 있는 시간을 준다. 주로 이야기하는 사람의 심정이나 일어난 일의 이유 등을 이해할 수 있는지 묻는 경우가 많다.

문제 흐름

상황설명문, 질문 → 선택지를 읽을 시간 18초 → 대화문 → 질문문

① 상황설명문과 질문을 듣는다.
② 18초라는 시간 동안 질문을 생각하면서 선택지의 문장을 정리한다.
③ 대화문을 들으면서 선택지를 확인하고 오답을 지운다.
④ 다시 한번 질문을 들으면서 정답을 맞게 골랐는지 확인한다.

기출문제유형 유형1 **女の学生と男の学生が話しています。男の学生はどうしてアルバイトを変えましたか。** 2011-1회

2-1

女：今からアルバイト？

男：うん、実は、今日からコンビニでアルバイトすることにしたんだ。

女：え？自動車工場のアルバイトは？朝早くからだったし、大変だったの？

男：いや、早起きは平気なんだ。それに、時給もまあまあよかったし。　　1번 선택지 제시

女：じゃあ、何で？　　선택지와 반대적 입장을 취하고 있으므로 1번은 답에서 제외　　시급이 꽤 좋았다는 의미이므로 2번도 오답

男：うーん、ものを作る仕事も楽しかったけど、学生のうちに、いろいろな仕事をやってみたくてね。　　이미 물건을 만드는 일을 해보았다는 의미이므로 3번도 오답　　여러 가지 일을 하고 싶다고 되어 있으므로 다른 일도 경험해 보고 싶다고 함 - 4번이 정답

女：そっか、がんばって。

男の学生はどうしてアルバイトを変えましたか。
1 朝早い仕事だったから
2 じきゅうが安かったから
3 ものを作る仕事がしたかったから
4 ほかの仕事も経験したかったから

여학생과 남학생이 이야기 하고 있습니다. 남학생은 왜 아르바이트를 바꾸었습니까?

여자 : 지금부터 아르바이트?
남자 : 응, 실은 오늘부터 편의점에서 아르바이트하기로 했어.
여자 : 응? 자동차 공장에서 하는 아르바이트는? 아침 일찍부터라서 힘들었어?
남자 : 아니, 일찍 일어나는 건 괜찮아. 게다가 시급도 그럭저럭 좋았고 말이야.
여자 : 그런데 왜?
남자 : 음, 물건을 만드는 일도 즐거웠지만, 학생일 때 여러 가지 일을 해보고 싶어서.
여자 : 그렇구나. 열심히 해.

남학생은 왜 아르바이트를 바꾸었습니까?
　1　아침 일찍 하는 일이었기 때문에
　2　시급이 쌌기 때문에
　3　물건을 만드는 일을 하고 싶었기 때문에
　4　다른 일도 경험하고 싶었기 때문에

유형2 テレビで男の人が自分の仕事について話しています。男の人は何がうれしいと言っていますか。 2011-1회

이미 새로 생긴 슈퍼에서 일하고 있으므로 1번은 오답

男：私は新しく町にできたスーパーの社員です。でも、店の中では働いていません。
毎日、車で、新鮮な肉や魚など、店の商品を遠くの村まで売りに行っています。
一日に、五つぐらいの村に行きます。お客さんは、多い日も少ない日もありますが、私の車が来るのを楽しみに待っていてくださいます。皆さんに喜んでもらえるのが、やっぱり、私には一番うれしいです。

이미 매일 자동차를 타고 일을 하므로 2번도 오답

모든 사람이 기뻐해 주는 것이 제일 좋다고 말하고 있으므로 정답은 4번이다. 皆さん은 村의 人를 가리킨다.

손님은 많은 날도 적은 날도 있다고 언급하지만, 제품이 많이 팔린다는 내용은 없으므로 3번도 답에서 제외

男の人は何がうれしいと言っていますか。
　1　新しい店ではたらけること
　2　車を使って仕事ができること
　3　しょうひんがたくさん売れること
　4　村の人がよろこんでくれること

텔레비전에서 남자가 자신의 일에 관해 이야기하고 있습니다. 남자는 무엇이 기쁘다고 말하고 있습니까?

남 : 저는 마을에 새로 생긴 슈퍼의 사원입니다. 하지만 가게 안에서는 일하지 않습니다. 매일 차로 신선한 고기나 생선 등 가게 상품을 먼 마을까지 팔러 갑니다. 하루에 다섯 곳 정도의 마을에 갑니다. 손님이 많은 날도 적은 날도 있지만 내 차가 오는 것을 모두 기대하며 기다려 주십니다. 모두가 기뻐해 주는 것이 역시 저는 가장 기쁩니다.

남자는 무엇이 기쁘다고 말하고 있습니까?
　　1　새로운 가게에서 일할 수 있게 된 일
　　2　차를 사용해서 일을 할 수 있게 된 일
　　3　제품이 많이 팔리게 된 일
　　4　마을 사람들이 기뻐해 주는 일

비법 TIP

포인트 이해는 과제 이해와는 달리 질문문과 대화문이 나오는 사이에 선택지를 읽을 수 있는 약 18초의 시간적 여유가 있다. 그래서 문제를 듣고 그 문제에 맞추어 선택지를 정리하는 편이 좋다. 그리고 대화문을 들으면서 선택지에서 오답을 지우면 된다. 지금까지 출제된 문제를 보면 이유나 내용을 묻는 문제가 많다.

▶ 문제를 듣고 선택지를 읽어라!

학습자 중에는 과제 이해와 같이 문제를 듣지 않고 무작정 선택지를 읽기 시작하는 학습자들이 있다. 하지만 무슨 문제인지 확실하게 듣고 선택지를 읽어야 이야기의 흐름이나 내용을 연상하기 좋다. 예를 들어 「① 寝坊したから 늦잠을 자서 ② バスが来なかったから 버스가 오지 않았기 때문에 ③ 電車で降りられなかったから 전철에서 내리지 못했기 때문에 ④ バスが事故にあったから 버스가 사고를 만나서」라는 선택지가 있다. 무슨 문제가 나올지 모르고 의미를 파악하는 것보다 「男の人はどうして遅刻しましたか 남자는 왜 지각했습니까?」라는 문제를 듣고 선택지를 읽으면 대화문을 들을 때 이야기의 흐름을 파악하기가 더 쉽다. 특히 N3의 경우 선택지에 쓰인 어휘가 대화문에 그대로 나오는 경우가 많으므로 미리 문제를 듣고 정리하는 편이 훨씬 유용하다.

▶ 18초는 선택지를 정리하는 데에 써라!

과제 이해는 문제 제시 후에 선택지를 정리할 시간이 따로 없기 때문에 문제가 나오기 전의 짬을 이용해 정리해야 했다면 포인트 이해의 경우는 문제 제시 후 선택지를 읽고 정리할 수 있는 18초가 주어진다. 이 시간에 얼마나 선택지를 잘 정리하는 지가 문제를 푸는 열쇠이다. 반드시 이 18초는 선택지를 「① 寝坊 늦잠 ② バス 버스 ③ 降りられなかった 내리지 못했다 ④ 事故 사고」라고 파악하고 정리하는 데에 써야 한다.

▶ 이유를 열거하는 표현을 찾아라!

이유를 묻는 문제인 경우 이유를 열거하는 표현을 찾아야 한다. 당사자가 직접 이유를 말하는 경우가 많으므로 이유를 서술하는 표현을 잘 챙겨두면 답을 찾는데 도움이 된다.

당사자가 이유를 말하기 시작하는 표현

実は～　실은

それが　그것이
実際には　실제로는

상대방의 이야기에 동의하면서 자신의 이유(의견)를 말하는 표현

もちろん～が、　물론 ～지만

たしか～が、　확실히 ～지만

それが～が、　그것이 ～지만

이유를 나타내는 표현

～し　～하고, ～해서

～ので(んで)　～때문에

▶ **질문에 「一番・もっとも」, 「大切」가 있으면 내용에서 '가장, 제일'을 찾아라!**

간혹 「一番・もっとも 가장」, 「大切 소중함」 등과 같은 단어로 어떤 사항의 중요도를 묻는 문제가 출제된다. 예를 들어 「海に行った一番の目的は何ですか 바다에 간 가장 큰 목적은 무엇입니까?」와 같은 문제이다. 이 경우에는 오답을 지워나가는 방식보다는 대화문을 들을 때 「一番・もっとも 가장」, 「何より 무엇보다」 등과 같은 단어를 잘 포착해야 한다.

문제이해

개요이해는 정해진 대화문을 듣고 화자의 의도나 주장 등 내용을 이해할 수 있는지 묻는 문제이다. 이 문제는 일부분을 듣고 답을 선택하기보다는 대화문 전체를 이해해야 한다. 질문과 선택지가 문제지에 표시되어 있지 않기 때문에 학습자들이 어려워하는 문제이다. 그러나 지금까지 출제된 문제를 살펴보면 몇 가지 유형으로 나뉘어져 있음을 알 수 있다. 그 유형과 방법만 익힌다면 아주 쉽게 해답을 찾을 수 있을 것이다.

문제 흐름

상황설명문 → 대화문 → 질문 → 선택지(음성)

① 상황설명을 듣는다(질문문이 없다)
② 대화내용을 듣는다
③ 질문을 듣는다.
④ 4개의 선택지가 음성으로 제시된다. 가장 적절한 것을 고른다.

기출문제유형　[유형1] 女の人が友だちの家に来て話しています。 2011-1회

女1：田中です。
女2：あ、はい。昨日友だちが泊まりに来てたんで、片付いてないけど、入って。
女1：あ、でもここで。すぐ帰るから。
　　　あのう、この前借りた本なんだけど、ちょっと破れちゃって。
女2：え、本当？
女1：うん、このページなんだけど。
女2：あっ、うん、このくらいなら大丈夫、読めるし。
女1：ほんと？ ごめん。これからは気をつけるから。
女2：うん、いいよ。ねえ、入ってコーヒーでも飲んでいかない？
女1：ありがとう。

女の人は友だちの家へ何をしに来ましたか。
　1 謝りに来た
　2 本を借りに来た
　3 泊まりに来た
　4 コーヒーを飲みに来た

여자가 친구의 집에 와서 이야기하고 있습니다.

여 1 : 다나카에요.
여 2 : 아, 네. 어제 친구가 묵으러 와서 정리되어 있지 않지만 들어와.
여 1 : 아, 하지만 여기에서. 금방 돌아갈 거니깐. 저, 요전에 빌린 책 말인데 조금 찢어져 버려서.
여 2 : 어머, 정말?
여 1 : 응, 이 페이지인데.
여 2 : 앗, 응. 이 정도라면 괜찮아. 읽을 수 있으니까.
여 1 : 정말? 미안해. 앞으로 조심할게.
여 2 : 응, 괜찮아. 저, 들어와. 커피라도 마시고 가지 않을래?
여 1 : 고마워.

여자는 친구 집에 무엇을 하러 갔습니까?
1 사과를 하러 왔다
2 책을 빌리러 왔다
3 묵으러 왔다
4 커피를 마시러 왔다

「この前借りた本なんだけど、ちょっと破れちゃって 요전번에 빌린 책 말인데 조금 찢어져 버려서」,
「ごめん。これから気をつけるから 미안해. 앞으로 조심할게」라고 했으므로 여자가 사과를 하러 친구
집에 왔음을 알 수 있다. 정답은 선택지 1번이다. 빌린 책을 갖다 주었으므로 2번은 오답, 여자가 아닌 다른
친구가 이미 머무른 상황이므로 3번도 오답, 마지막에 친구가 커피라도 마시자고 권했지만 여자가 찾아온
주목적은 아니기 때문에 답이 아니다.

유형2 留守番電話のメッセージを聞いています。 2011−1회

3-2

男：もしもし、田中ですけど。あのう、明日映画に行くことになってたよね。で
も、急に出張が入っちゃって。それで、悪いんだけど、来週にしてもらっ
てもいいかな。僕から誘ったのにごめん。映画のあと、食事ごちそうするか
ら。じゃ、また電話するよ。ほんと、ごめんね。

田中さんが一番言いたいことは何ですか。
1 出張に行くこと
2 映画に行く日を変えてほしいこと
3 食事をご馳走すること
4 また電話すること

자동응답기의 메시지를 듣고 있습니다.

남 : 여보세요, 다나카인데. 저기, 내일 영화를 보러 가기로 했잖아. 그런데 갑자기 출장이 잡혀서.
그래서 미안하지만 다음 주에 해도 괜찮을까. 내가 먼저 권한 건데 미안해. 영화 보고 나서 식
사 대접할 테니까. 그럼 다시 전화할게. 정말 미안해.

다나카 씨가 가장 말하고 싶은 것은 무엇입니까?

　1　출장을 가는 것
　2　영화를 보러 가는 날을 바꾸길 바라는 것
　3　식사를 대접하는 것
　4　다시 전화 할 것

갑자기 출장이 잡혀서 「それで、悪いんだけど、来週にしてもらってもいいかな　そして 미안한데 다음 주에 해도 괜찮을까」라고 영화 보기로 한 날을 바꾸자고 부탁하고 있으므로 정답은 선택지 2번이다. 3번과 4번은 영화를 본다는 전제조건 하에 이뤄지는 일이므로 답이 될 수 없다.

유형3 　男の学生と女の学生が話しています。

男：今度の日曜日、みんなで海に行こうって話があるんだけど。
女：海？　いいね。楽しそう。
男：うん。海で花火もするよ。どう？　来られそう？
女：面白そう。でも、今度の日曜日だよね。月曜にテストがあるんだ。テストが
　　なかったら行きたいんだけど。
男：土曜日に頑張ったら大丈夫だよ。
女：うーん、苦手な科目だから、一日じゃきついかも。また今度誘って。

女の学生は日曜日に海へ行くことについてどう思っていますか。

　1　楽しそうだから、行くつもりだ
　2　楽しそうだが、行かない
　3　興味がないから、行かない
　4　興味はないが、行くつもりだ

남학생과 여학생이 이야기하고 있습니다.

남 : 이번 일요일에 다 같이 바다에 가자는 이야기가 있는데.
여 : 바다? 좋다. 즐겁겠다.
남 : 응. 바다에서 불꽃놀이도 할 거야. 어때? 갈 수 있어?
여 : 재미있을 것 같은데. 하지만 이번 주 일요일이지. 월요일에 시험이 있어. 시험이 없으면 가고 싶은데.
남 : 토요일에 열심히 하면 괜찮을 거야.
여 : 음, 서툰 과목이라서 하루로는 힘들지도. 다음 번에 다시 권해 줘.

여학생은 일요일에 바다에 가는 것에 대해 어떻게 생각합니까?

　1　즐거울 것 같으므로 갈 생각이다.
　2　즐거울 것 같지만 가지 않는다.
　3　관심이 없어서 가지 않는다.
　4　관심은 없지만 갈 생각이다.

「楽しそう 즐거울 것 같아, 面白そう 재미있을 것 같아」라고 했지만 월요일에 서툰 과목 시험이 있어서 토요일 하루만 공부해서는 힘들 것 같다고 말하며 「また今度誘って 다음에 다시 권해 줘」라고 덧붙였으므로 정답은 2번이다.

비법 TIP

▶ 받아 적으려고 하지 말고 전체적인 흐름을 파악해라!

이 문제는 상황설명문 다음에 문제를 들려주는 과제이해와 포인트이해와 달리 문제를 미리 들려주지 않는다. 그래서 학습자들은 흔히 대화 내용을 무작위로 받아 적는 오류를 범하곤 한다. 마치 그렇게 적어야만 문제를 풀 수 있을 것 같은 막연한 불안감 때문일 것이다. 그러나 이 문제는 '개요이해', 즉 자세한 내용에 관한 것이 아니라 전체적인 흐름에 관한 것을 묻는 문제임을 명심해야 한다.

▶ 상황설명을 잘 들으면 문제를 미리 유추할 수 있다.

대화문의 시작 전에 「男の学生が先生と話しています。 대학교에서 남학생이 선생님과 이야기하고 있습니다」등과 같이 '인원, 성별, 장소, 행위' 상황에 관해 설명하는 문장이 나온다.

① 목적을 묻는 문제 → 何をしに来ましたか 무엇을 하러 왔습니까?
　　　　　　　　　お願いは何ですか 부탁은 무엇입니까?

목적을 묻는 문제의 경우 상황설명 내용 중에 두 사람이 등장하거나 회사를 제외한 장소가 제시되거나 첫 시작이 '노크 소리' 혹은 '벨 소리'인 경우가 많다. 방문한 사람의 대사에 주의해서 듣는다.

─── 기출패턴 ───

첫문장	大学で男の学生が先生と話しています。 대학교에서 남학생이 선생님과 이야기하고 있습니다.
질문	男の学生は先生のところへ何をしにきましたか。 남학생은 선생님이 있는 곳에 무엇을 하러 왔습니까?
첫문장	女の人が友だちの家に来て話しています。 여자가 친구의 집에 와서 이야기하고 있습니다.
질문	女の人は何をしに来ましたか。 여자는 무엇을 하러 갔습니까?

② 주제를 묻는 문제 → 主な内容は何ですか 주요 내용은 무엇입니까?
　　　　　　　　　何についての話ですか 무엇에 관한 이야기입니까?

개요이해는 문제유형 중 어휘력을 가장 많이 요하는 문제이기 때문에 N2나 N1에서 많이 출제되는 문제이지만 최근 N3에서도 출제 비율이 높아지고 있는 추세이다. 이 경우 독백으로 상황을 설명하는 경우가 많다. 주로 부재중 메시지, 인터뷰, 안내 방송, 대학교 강의 등의 상황이 연출된다.

주제, 즉 하고자 하는 내용의 포인트는 주로 말하는 사람의 대화 첫 부분, 또는 마지막 부분에 있다. 전체적인 주제를 묻고 있으므로 받아 적기보다는 전체적인 내용을 이해하려고 노력하는 것이 더 중요하다. 선택지 1번에서 4번까지 잘 들어보면 본문과 관련된 것은 정답 1개뿐이고, 나머지 3개는 내용과 전혀 상관없는 문장이 나오는 경우가 많다.

기출패턴

첫문장	デパートでアナウンスを聞いています。
	백화점에서 안내방송을 듣고 있습니다.
질문	何についてのアナウンスですか。
	무엇에 관한 안내방송입니까?
첫문장	テレビで男の人が話しています。
	텔레비전에서 남자가 이야기하고 있습니다.
질문	話の主な内容はどのようなことですか。
	이야기의 주된 내용은 어떤 것입니까?

③ 견해를 묻는 문제 → どう思っていますか

상황설명 중「～について ~에 대해서」로 나타내는 주제가 있거나 특별한 설명 없이「女の人と男の人が話しています 여자와 남자가 이야기하고 있습니다」라는 말이 나오면 대부분 그 사람의 견해를 묻는 문제이다. 상황설명에서 서술한 어떤 주제에 대해 당사자가 생각을 말하거나 두 사람의 대화문 속에서 당사자에게 견해를 묻는 내용이 출제된다. 특히 상황설명에서 주제를 나타내지 않은 경우는 첫 대화의 시작이「今度の新しい会社はどう？」와 같은 식으로 주제를 제시하는 경우가 많으니 주의해서 들어야 한다. 주제에 관해 당사자의 견해가 찬성인지 반대인지, 좋게 생각하는지 나쁘게 생각하는지, 또는 긍정적인지 부정적인지 등이 문제로 출제된다.

기출패턴

첫문장	女の人が男の人に旅行の感想について聞いています。
	여자가 남자에게 여행 감상에 대해 묻고 있습니다.
질문	男の人は旅行についてどう思っていますか。
	남자는 여행에 대해서 어떻게 생각하고 있습니까?
첫문장	中学生の男の子が友達についてスピーチしています。
	중학생인 남자아이가 친구에 대해서 스피치를 하고 있습니다.
질문	男の子はどんな付き合い方がいいと言っていますか。
	남자아이는 어떤 교제 방법이 좋다고 말하고 있습니까?

문제이해　발화표현은 N3, N4, N5에서만 출제되는 문제이다. 짧은 대화문을 듣고 시험지의 상황 그림을 보면서 자연스럽게 이어지는 발화표현을 선택할 수 있는지 묻는 문제이다. 대화문은 짧지만 상황설명과 선택지만 듣고 정답을 찾아야 해서 어렵다고 생각하는 학습자가 많지만 두 가지 비법만 알면 높은 점수를 얻기 좋은 문제이다.

문제 흐름

상황설명문 → 그림 → 질문 → 선택지(음성)

① 상황설명을 듣는다
② 그림을 보고 화살표가 가리키고 있는 당사자를 파악한다.
③ 질문을 듣는다.
④ 4개의 선택지가 음성으로 제시된다. 가장 적절한 것을 고른다.

기출문제유형　先輩が忙しそうなので、手伝いたいです。先輩に何と言いますか。　2011-1회

1　あのう、手伝ってくれませんか。

2　あのう、手伝いましょうか。

3　あのう、手伝いませんか。

해석

선배가 바쁜 것 같아서 도와주고 싶습니다. 선배에게 뭐라고 말합니까?

1　저기, 도와주지 않겠습니까?
2　저기, 도와 드릴까요?
3　저기, (같이) 돕지 않겠습니까?

해설

문제에서 바쁜 선배를 보며 돕고 싶다고 말하고 있다. 화자가 직접 도우려는 상황이기에 그러한 표현을 찾아야 한다. 따라서 상대방에게 도와달라고 부탁하는 「～てくれませんか」는 적절하지 않다. 함께 하자고 권하는 문형인 「～ませんか」 역시 답이 될 수 없다. 따라서 정답은 선택지 2번이다. 「～ましょう」는 '(어떠한 행위를) ～할까요?'라는 의미이지만 화자가 상대방에게 '～(해) 줄까요?'라고 물어보는 의미도 담고 있다.

발화표현은 N3, N4, N5에서만 출제되는 유형이다. 언뜻 보기에 단순한 그림 문제로 보일 수 있지만 잘 살펴보면 문법의 비중이 높은 문제이다. 그래서 유형을 이해하고 유형별 정답을 찾는 방법을 미리 알아두면 도움이 된다. 발화표현은 주로 인물이 두 명 있는 그림이 문제로 출제되며, 그 인물 중 한 명의 위에 화살표가 그려져 있다. 즉, 화살표로 표시된 인물이 발화자가 되어 제시된 상황에서 뭐라고 말을 해야 하는지를 찾는 문제이다.

▶ 문제의 문장 구조를 살펴라!

발화표현은 출제되는 문제의 문장 구조가 어느 정도 정해져 있기 때문에 그 틀을 먼저 살펴두는 것이 중요하다. 왜냐하면, 그 구조에 따라서 문제의 유형이 바뀌기 때문이다.

▶ 행동의 주체가 누구인지를 먼저 확인해라.

유형1

그림 관련 상황 설명 ＋ 화살표 대상 〜したいです / 〜てもらいたいです / 〜ほしいです ＋ なんと言いますか。

───── 기출패턴 ─────

ここで、写真を撮ってはいけません。友だちに注意しています。なんと言いますか。
　　　　　　상황 설명　　　　　　　　　화살표 인물의 행위　　　　　문제 제시

여기에서 사진을 찍으면 안됩니다. 친구에게 주의합니다. 뭐라고 말합니까?

화살표가 가리키는 인물이 어떤 행위를 하고 싶은 경우에는 「〜たい ～하고 싶다」, 같이 있는 대상이 뭔가 해주길 바라는 경우에는 「〜てほしい, 〜てもらいたい ～해주길 바란다」로 상황을 설명하는 경우가 많다. 행동의 주체에 따라 골라야 하는 표현도 달라진다.

화자가 직접 행동을 하고자 할 때 쓰는 표현

〜(さ)せてください　(저에게) 〜할 수 있게 시켜 주세요

〜(さ)せていただけませんか　(저에게) 〜하게 허락해 주시겠습니까?

お＋동사 ます형＋できますか　〜할 수 있을까요?

〜ましょうか　(제가) 〜해 드릴까요?

〜ようか　(내가) 해 줄까?

〜てもいいですか　〜해도 되겠습니까?

~てください　~해 주세요

~てくれない　~해 주지 않을래?

~たらどう(いかが)ですか　~해 보면 어떻습니까?

~ていただけませんか　~해 주시겠습니까?

~てもらえませんか　~해 주시겠습니까?

~ておかないと　~해 두지 않으면

~て行かないで　~하고 가지 말아 줘

~てもいいよ　~해도 된다

~ませんか　(같이) ~하지 않겠습니까?

~ていただいてもいいですか　~해 주셔도 괜찮겠습니까?

どうですか　어떻습니까?

どういけばいいですか　어떻게 가면 됩니까?

▶ **대상이 등장하는 경우는 상황에 어울리는 인사말을 묻는 문제인 경우가 많다!**

유형2

그림 관련 상황 설명 + 화살표 대상 + 何と言いますか。

기출패턴

木村部長に会いに行きました。受付の人に何と言いますか。
　　　그림 관련 상황 설명　　　　　　　　대상＋문제 제시

기무라 부장님을 만나러 갔습니다. 접수처에 있는 사람에게 뭐라고 말합니까?

문제에서 대상이 등장하는 경우는 상황에 맞는 인사말을 묻는 문제인 경우가 많다. 먼저 상대방이 화자의 윗사람인지를 확인해야 하며 정형화된 표현이 많기 때문에 미리 살펴 두면 답을 쉽게 고를 수 있다.

お世話になりました　신세를 많이 졌습니다

~されるそうですよ　~하신다고 합니다

必ずうかがいます　꼭 찾아뵙겠습니다

お疲れ様でした　수고하셨습니다

お先に失礼します　먼저 실례하겠습니다

ただいま戻りました　지금 돌아왔습니다

おめでとうございます　축하합니다

パスポートを拝見させていただきます　여권을 확인하겠습니다

今度合格なさいました　이번에 합격하셨습니다

おかげさまで、試験に受かりました　덕분에 시험에 합격했습니다

お見舞いにいらっしゃいませんか　병문안 오시지 않겠습니까?

具合はいかがですか　몸 상태(기분)는 어떠세요?

よく来てくださいました　잘 오셨습니다

何になさいますか　무엇으로 하시겠습니까?(식당에서 주문할 때)

それは残念だね　그건 유감이로군요

お気の毒に　불쌍하게도

本当にごめんなさい　정말 죄송합니다

ごらんください　봐 주세요

拝見します　보겠습니다

おかげさまで卒業できました　덕분에 졸업할 수 있게 되었습니다

承知しました　알겠습니다.

お構いなく　개의치 마시고(상대의 권유를 정중하게 거절할 때)

ご遠慮なく　사양하지 마시고(권유할 때)

▶ 상황이 누구와 관계가 있는지를 확인해라!

유형3

그림 관련 상황 설명(상태) + 何と言いますか。

― 기출패턴 ―

前の人の携帯を拾いました。何と言いますか。

그림 관련 상황 설명　　　　　　　　문제제시

앞사람의 휴대전화를 주웠습니다. 뭐라고 말합니까?

최근 증가 추세에 있는 문제 유형이다. 화살표 인물의 행위나 대상이 빠진 채 상황 설명만 제시되는 유형이다. 이 경우에는 우선 상황이 누구와 관계된 문장인지를 찾아야 한다. 예를 들어「ホテルのテレビが壊れています。호텔 텔레비전이 망가져 있습니다.」라는 상황 설명이 나오고 화살표가 그려진 화자와 관계가 있을 때는「～たいんですが、～ないんですけど」등과 같이 상내방에게 상황을 알리고 도움을 구하는 표현이 정답으로 나올 것이다. 반면「机の上に友だちのハンカチがあります。책상 위에 친구 손수건이 있습니다.」와 같이 상대방과 관련된 상황이 오는 경우에는「～よ, ～ていますよ, ～てありますよ, ～てるよ」와 같이 문장 끝에 상대방에게 알리고 있다는 표현이 나오는 것을 고르면 된다.

문제이해　즉시응답은 제목에서도 알 수 있듯이 짧은 발화문을 듣고 자연스럽게 이어지는 응답문을 선택하는 문제이다. 힌트가 전혀 없어서 온전히 귀에만 집중해서 풀어야 하므로 집중력이 중요하다. 쉬운 듯하지만 자칫 놓치기 쉬우므로 평소 듣는 연습을 많이 해 두는 것이 좋다.

문제 흐름

짧은 발화 → 선택지(음성)

① 짧은 발화를 듣는다.
② 그 발화에 대한 대답으로 선택지 3개가 음성으로 제시된다. 가장 적절한 응답을 선택한다.

기출문제유형　リンさん、明日のアルバイト、3時に来てほしいんですが。 2011-1회

1　いつでも来てください。
2　都合はどうですか。
3　はい、大丈夫です。

해석

린 씨, 내일 아르바이트 3시에 와 주었으면 좋겠는데요.

1　언제든지 와 주세요.
2　상황은 어떻습니까?
3　네, 괜찮습니다.

해설
~てほしい는 상대방에게 '~해 주기를 바란다'는 의미를 갖고 있으므로 응답은 그 행위에 대한 승낙 여부가 와야 한다. 그렇기 때문에 「はい 네」 혹은 「いいえ 아니오」로 대답한 선택지 3번이 정답이다.

비법 TIP　▶ 간단하게 표기하자!

즉시응답 문제는 9문제나 된다. 게다가 문제에 사용되는 표현이 일정하지 않다. 그런 까닭에 듣기에 약한 N3 학습자가 문형까지 신경을 쓰면서 문제를 풀려고 하거나 제시되는 문장을 해석해서 답변을 찾으려 하면 문제를 놓치고 마는 불상사가 일어나기도 한다. 즉시응답은 질문을 듣고 자연스러운 대답을 찾는 것이 중요하므로 질문을 놓치면 안 된다. 일본어의 경우 문장의 핵심인 서술부가 문장 끝에 있으므로 서술부인 '동사, 형용사'를 간단하게 표기해 놓자.
「この間頼んだ書類、できてる？ 저번에 부탁한 서류, 완성되었어?」라는 문제가 나왔을 때 이 문장에서 중요한 부분은 「この間頼んだ書類」가 아니다. 「できて

る?」가 중요하다. 그것을 확인한 후에 선택지를 듣는 동안 맞는 것에는 ○, 틀린 것에는 ×, 헷갈리는 것에는 △를 표시하고 문제를 푼다.

▶ 의문사와 시제에 맞는 답을 찾아라!

문제를 들을 때 맨 처음에 의문사가 나오지 않는지 확인한다.

의문사 표현

だれ : 누구(사람)

いつ : 언제(시기)

何時(なんじ) : 몇 시(시간)

どうやって : 어떻게(방법)

또한 의문사는 시제와 함께 출제되는 경우가 많으므로 잘 체크해 둔다. 발화문의 시제가 과거인 경우에는 과거로 대답하고, 현재인 경우에는 내용에 따라 현재 또는 미래 시제의 선택지를 골라야 한다.

기출패턴

질문　　いつ日本(にほん)へいらっしゃいましたか。
　　　시기를 묻는 의문사　　　과거형

대답　　**3か月前に**まいりました。
　　　　시기　　　　과거형

▶ 행동을 하는 사람에 따라 대답이 바뀐다.

문제가 부탁문인 경우, 상대방에게 부탁하거나 권하는 표현 혹은 자신이 할 수 있게 허락해 달라는 표현으로 나눌 수 있다. 그리고 그에 맞춰서 선택해야 하는 답이 달라지므로 미리 어떻게 표현하는지 알아 두자.

상대방에게 부탁을 하거나 권하는 표현

～といてくれない・～ておいてくれない　～해 두지 않을래?

～いかがですか・～どうですか　어떻습니까?

～ていただけませんか　～해 주시지 않겠습니까?

～てほしいんだけど　～해 줬으면 좋겠는데

～ずにね・～ないでね・ないようにね　～않도록, ～않게끔

～てもらえませんか　～해 주시겠어요?

～していってね　～하다 가

～たほうがいいんじゃない　～하는 편이 낫지 않아?

～てください　～해 주세요

위와 같은 표현은 응답하는 사람에게 행위든 생각이든 뭔가를 요구하는 표현이기 때문에 그에 상응하는 대답이 먼저 와야 한다. 「はい 네, いいえ 아니오, ええ 응, いいよ 좋아」 등과 같은 대답이 오거나 「後(あと)に 나중에, 後(あと)でも 나중에라도」 등 지금은

아니지만 나중에라도 할 것이지 여부를 알려주는 선택지를 선택해야 한다.

자신에게 할 수 있게 허락해 달라는 표현

～(さ)せてもらいませんか　～하면 안 됩니까(～하면 안 되겠습니까)

～てもよろしいでしょうか　～해도 되겠습니까? (～てもいいですか)

～ようか　～해 줄까?

～ましょうか　～해 줄까요?, ～할까요?

질문을 하는 입장에서 행위를 할 수 있게 부탁을 하는 표현이므로 답변으로 허락의 느낌을 주는 「いいですよ 좋아요」나 「お願いします 부탁합니다」가 자주 온다.

▶ 시제가 과거이지만 사건이 일어나지 않은 경우가 있다.

앞에서 언급했던 것과 같이 과거 시제가 나오면 과거형에 맞추어서 선택지를 찾아야 한다. 하지만 간혹 시제가 과거이지만 의미상 실제로는 행위가 일어나지 않은 표현이 있다. 답을 찾을 때 주의해야 한다.

과거형을 쓰지만 행위가 일어나지 않은 표현

～たかった　～하고 싶었다

～ほしかった　～갖고 싶었다

～ようとしたら・～ようと思ったら　～하려고 했는데, (못함)

▶ 그 밖에 자주 나오는 표현이나 어휘를 미리 체크해 두자!

자주 나오는 표현

～っけ　～였던가

～ところだ　막 ～하려던 참이다

～ているところだ　막 ～하고 있는 중이다

～たところだ　막 ～한 참이다

どうしても～なくちゃいけませんか　아무래도 ～않으면 안 됩니까?

～てもよろしいでしょうか　～해도 괜찮으십니까?

～たことがある　～한 적이 있다

～ずにね(ないでね)　～(하지) 않도록

～ないようにね　(하지) 않도록

～そうだ　～할 것 같다

～できそうにない　～할 수 있을 것 같지 않다

～んじゃない？　～지 않아?

JLPT 기출 어휘 체크

2015-1회

申し込み	신청	応接室	응접실
新商品	신상품	頼む	부탁하다, 의뢰하다
名札	이름표	普通電車	보통 전철
戻ってくる	되돌아오다	～の奥	～의 구석
緊張する	긴장하다	運動用具	운동기구
片づける	정리하다	容器に入れる	용기에 넣다
並べて置く	늘어 놓다, 진열해 두다	学歴	학력
競争	경쟁	最も	가장, 제일
充電	충전	雷	천둥
日程	일정	印刷	인쇄
再生できない	재생이 안된다	道具の使い方	도구 사용 방법
人気が出る	인기가 오르다	忘れもの	분실물
落ち着いた色	차분한 색	募集	모집

2015-2회

寺	절, 사찰	往復	왕복
坂	언덕	看板	간판
用紙	용지	海外向け	해외용
気に入る	마음에 들다	翻訳	번역
窓側	창가	真ん中	정중앙
段ボール箱	골판지(마분지) 상자	駐車	주차
山に登る	산에 오르다	山道	산길
景色を楽しむ	경치를 즐기다	転ばないように	넘어지지 않도록, 넘어지지 않게
滑りやすい	미끄러지기 쉽다	我慢せず	참지 않고
活動が広がる	활동이 미치다	意見を集める	의견을 모으다

歴史	역사	食事に誘う	식사를 하자고 권하다
ご無沙汰しておる	격조하다, 오랫동안 소식이 뜸하다	偶然	우연
秘書らしい	비서답다	成長する	성장하다
出張	출장	お土産	기념품, 여행지에서 사 온 선물
手が空く	(일이 끝나서) 손이 비다, 짬이 나다	準備が済む	준비가 끝나다

発表	발표	資料	자료
数字	숫자	間違い	틀림, 잘못, 실수
全体的	전체적	予想	예상
日程	일정	順番	순번, 차례
研究室	연구실	伝言	전언(전하는 말)
会員	회원	無料	무료
確認	확인	直接	직접
帰宅	귀가	卒業	졸업
稼ぐ	벌다	営業部	영업부
商品	상품	包丁	식칼
調味料	조미료	材料	재료
バス停	버스 정류장	到着	도착
効果	효과	傷	상처, 흠
修理	수리	調子	상태
料金	요금	遠足	소풍
注文	주문	努力	노력
感想	감상	済む	끝나다, 완료되다

汗を拭く	땀을 닦다	てぶくろ	장갑
書類	서류	本棚	책장
運ぶ	운반하다, 옮기다	眠れる	잠들다
今晩	오늘 밤	苦手	서투름

일본어	뜻	일본어	뜻
ぬるめのお風呂	미지근한 목욕물	軽い運動	가벼운 운동
紙皿	종이 접시	電卓	전자계산기
硬貨	경화(기념 주화)	雑誌に載る	잡지에 실리다
池	연못	昔の友人	옛 친구
体の調子	몸 상태	和食	일본식
初級	초급	新入生	신입생
尊敬する	존경하다	言語	언어
学習環境	학습 환경	出身	출신
訳	이유	店の主人	가게 주인
放送	방송	乗り換える	갈아타다
終点	종점	疲れを取る	피곤을 풀다
効果	효과	洋食	양식
ついでに	~겸해서, ~하는 김에	払わせる	지불하게 하다
しばらく	한동안	懐かしい	그립다
急がないと	서두르지 않으면	寄っていく	들렀다 가다

2013-1회

일본어	뜻	일본어	뜻
飾り	장식	手伝う	돕다
卒業	졸업	載せる	태우다, 싣다
係りの人	담당자	直接	직접
資料	자료	探す	찾다, 조사하다
配る	분배하다, 배포하다, 나누어 주다	過去	과거
輸出	수출	確認	확인
機会	기회	注文	주문
チャンス	기회, 찬스	受付	접수
渡す	건네다	測る	재다
事務所	사무소	申し込む	신청하다
機械	기계	書類	서류
支店	지점	製品	제품
文句	불평, 트집	腰	허리

温かい	따뜻하다	リサイクル	리사이클, 재활용
重要	중요함	怪我	상처, 부상
効果	효과	順番	순번, 차례
面接	면접	遅刻	지각
日程	일정		

2013-2회

資料	자료	書類	서류
応募	응모	学部	학부
参加	참가, 참석	番組	방송, 프로그램
機械	기계	再生	재생
結果	결과	実験	실험
部分	부분	教科書	교과서
貼る	붙이다	食品	식품
新商品	신상품	普段	평소
若者	젊은이, 청년	締め切り	마감
面倒くさい	귀찮다	得意だ	잘하다, 능숙하다
予想	예상	専門家	전문가
育つ	성장하다	栄養	영양
移す	옮기다, 이동하다	腐る	썩다, 상하다
残す	남기다	種類	종류
変化	변화	覚める	눈이 뜨이다, 정신이 들다, 깨다
方法	방법	観察	관찰
内容	내용	感想	감상

2012-1회

申し込む	신청하다	貼る	붙이다
応接	응접	新製品	신제품
研究会	연구회	受付	접수
資料	자료	配る	분배하다, 배포하다, 나누어 주다

おつり	잔돈, 거스름돈	普通(ふつう)	보통
奥(おく)	안	緊張(きんちょう)	긴장
間違(まちが)える	틀리다	失敗(しっぱい)	실패
効果(こうか)	효과	運動用具(うんどうようぐ)	운동기구
記録(きろく)	기록	意外(いがい)	의외
苦労(くろう)	고생	充電(じゅうでん)	충전
雲(くも)	구름	発生(はっせい)	발생
吹(ふ)く	불다	習慣(しゅうかん)	습관
落(お)ち着(つ)く	차분해지다	取(と)り替(か)える	바꾸다
似合(にあ)う	어울리다	ゼミ	세미나
希望(きぼう)	희망	育(そだ)つ	기르다, 키우다

2012-2회

内容(ないよう)	내용	科目名(かもくめい)	과목명
間違(まちが)う	잘못되다, 틀리다	文字(もじ)	글자, 문자
社員(しゃいん)	사원	暗証番号(あんしょうばんごう)	비밀번호
人差(ひとさ)し指(ゆび)	집게 손가락	機械(きかい)	기계
手伝(てつだ)い	줌, 거들어 줌	得意(とくい)だ	잘하다, 능숙하다
注文(ちゅうもん)	주문	見学(けんがく)	견학
種類(しゅるい)	종류	味(あじ)	맛
お土産(みやげ)	선물	食器(しょっき)	식기
メニュー	메뉴	卒業(そつぎょう)	졸업
広告(こうこく)	광고	資料(しりょう)	자료
研究所(けんきゅうしょ)	연구소	お知(し)らせ	공지, 알림
口座(こうざ)	계좌	都合(つごう)	사정
日程(にってい)	일정	目的(もくてき)	목적
用事(ようじ)	용건, 볼일	せっかく	모처럼
誘(さそ)う	권유하다, 꾀다, 유혹하다	伺(うかが)う	여쭈다(聞(き)く의 겸양 표현)

일본어	한국어	일본어	한국어
文房具	문방구	のり	풀
届く	(물건, 마음이) 도착하다	封筒	봉투
注文	주문	満足	만족
着替える	옷을 갈아입다	留守番電話	부재중 전화, 자동응답기
急に	갑작스럽게, 긴급히	なるべく	되도록, 가능한 한
メッセージ	메시지	母親	모친, 어머니
息子	아들	寄る	접근하다, 다가가다, 들르다
余分	여분	新入社員	신입사원
歓迎会	환영회	日帰り	당일치기
アンケート	앙케트, 설문조사	商品	상품
出張	출장	グループ	그룹, 무리, 집단
連絡先	연락처	平気	아무렇지도 않음
合格	합격	係りの人	담당자
参加	참가, 참석	申し込む	신청하다
村	마을	誘う	권유하다, 꾀다

일본어	한국어	일본어	한국어
黒板	칠판	そのまま	그대로
お見舞い	문병	退屈	지루함, 심심하고 따분함
手術	수술	資料	자료
引越し	이사, 이전	手伝い	도움, 도와줌
詰める	채우다, 막다	発表	발표
目的	목적	温泉	온천
花火大会	불꽃놀이	海岸	해안, 바닷가
濡れる	젖다	風邪を引く	감기에 걸리다
国際交流会	국제 교류회	取れる	떨어지다, 빠지다
学習	학습	関心	관심
値段	가격	新商品	신상품
書類	서류	イメージ	이미지, 인상

変化	변화	自然	자연
内容	내용	気温	기온
減る	줄다	製品	제품
腐る	썩다, 상하다, 부패하다	燃える	타다
健康	건강, 튼튼함	経営	경영

2010-1회

首の回り	목 주위	正門	정문
受付	접수	係りの人	담당자
支払う	지불하다	留守番電話	부재중 전화, 자동응답기
珍しい	드물다, 독특하다	拾う	줍다
連絡先	연락처	送る	보내다
壊れる	고장 나다, 부서지다, 망가지다	研究会	연구회
建物	건물	売り場	매장
置く	놓다	配る	나누어 주다, 분배하다, 배포하다
熱	열	書類	서류
困る	난감하다, 곤란하다	遅れる	늦다
事故	사고	演奏	연주
結構	그런대로, 제법	最高	최고
習慣	습관	思い出	추억
普通	보통	汚れる	더러워지다
健康	건강, 튼튼함	夢中	열중함, 몰두함

2010-2회

ゼミ	세미나	相談	상담
編み物	뜨개질	調べる	찾다, 조사하다
大体	대체로, 대개	直接	직접
報告	보고	説明する	설명하다
宣伝用	선전용	飼う	기르다, 사육하다
代わり	대신	記録	기록

見送り	배웅, 송별	配る	나누어 주다, 분배하다, 배포하다
頼む	부탁하다, 청하다, 당부하다	湿気	습기
弾く	연주하다, 켜다, 치다	一人暮らし	독신 생활, 혼자 삶
夕飯	저녁밥	材料	재료
余る	남다	着替える	옷을 갈아입다
割引セール	할인 판매	両親	양친, 부모
左利き	왼손잡이	引っ越す	이사하다
片付ける	정리하다	自信	자신감
面倒くさい	귀찮다	教科書	교과서

JLPT 완벽 대비

1 구어 축약형 표현

□ ～ては／～では → ～ちゃ／～じゃ　~해서는, ~하면
遅刻しちゃいけない。 지각하면 안 된다.

□ ～のだ／～のです → ～んだ／～んです　~인 것이다 / ~인 것입니다
行くんですか。 가시는 겁니까?

□ ～のではない → ～んじゃない　~한 거 아냐?
少し高いんじゃない？ 조금 비싼 거 아냐?

□ ～と／～という／～というのは → ～って　~라고 / ~라는 / ~라는 것은
彼女は休むって言いました。 그녀는 쉰다고 말했습니다.

□ ～ておく／～でおく → ～とく／～どく　~해 두다
録画をしといて。 녹화해 둬.

□ ～てしまう／～でしまう → ～ちゃう／～じゃう　~해 버리다
もう読んじゃったよ。 벌써 읽어 버렸어.

□ ～ので → ～んで ~때문에
ファクスが壊れたんで、メールでお願い。 팩스가 고장 났으니까 메일로 부탁해.

□ ～ければ → ～きゃ　~하면, ~으면
復習をしなきゃならない。 복습을 하지 않으면 안돼

□ ～ないといけない → ～ないと　~하지 않으면 안 된다, ~해야 한다
明日区役所に行かないと。 내일 구청에 가야만 해.

2 청해에서 자주 들리는 표현

□ ～ようになる　~하게 되다

□ ～かどうか　~일지 어떨지

□ ～かもしれません　~일지도 모릅니다

□ ～がる　~하고 싶어하다

□ ～ことになる　~하게 되다

□ ～し　~이기도 하고

□ ～しか～ない　~밖에 ~하지 않는다

□ ～ず　~하지 않고

□ ～そうだ　～할 것 같다

□ ～そうだ　～라고 한다

□ ～そうにない　～일 것 같지 않다

□ ～そうにもない　～일 것 같지도 않다

□ ～たまま　～한 채

□ ～たら　～하면, ~라면

□ ～たことがある　～한 적이 있다

□ ～たところだ　막 ~한 참이다

□ ～たほうがいい　～하는 편이 좋다

□ ～たらどう　～하는 것이 어때?

□ ～たり～たりする　～하거나 ~하거나 하다

□ ～だろう　～겠지

□ ～た後　～한 후에

□ ～っちゃう　～해 버리다

□ ～って言う　～라고 하다

□ ～つもりだ　～할 생각이다

□ ～ていらっしゃる　～하고 계시다

□ ～てしまう　～해 버리다

□ ～てみる　～해 보다

□ ～てあげる　～해 주다

□ ～てある　～해져 있다

□ ～ていない　～하지 않다

□ ～ているところだ　～하고 있는 중이다

□ ～ておく・～とく　～해 놓다

□ ～てくれる／～てくださる　～해 주다/~해 주시다

□ ～でしょうか　～일까요?

□ ～てはいけない　～해서는 안 된다

□ ～てほしい　～해 주었으면 좋겠다

□ ～てもらう・～ていただく／～てもらえる・～ていただける　～해 받다/~해 받을 수 있다

□ ～と思う　～라고 생각하다

□ ～とか　～라든가, ~라든지

□ ～ないといけない　～하지 않으면 안 된다, ~해야 한다

□ ～ながら　～하면서

□ ～なきゃ　～하지 않으면 안 된다, ~해야 한다

□ ～なくてもいい　～하지 않아도 된다

□ ～なければならない／～なくちゃ　～하지 않으면 안 된다, ～해야 한다

□ ～にする　～로 하다

□ ～について　～에 대해서

□ ～ので・～んで　～이기 때문에

□ ～ば　～하면, ～라면

□ ～ば～ほど　～하면~할수록

□ ～みたい　～인 것 같다

□ ～ようだ　～인 것 같다

□ ～ようにないように　～하도록, ～하지 않도록

□ ～らしい　～이라는 것 같다

□ ～んじゃない　～이지 않아?

□ ～んです　～입니다, ～인 것 입니다

□ ～れる／～られる　～함을 당하다(수동형)

□ ～くなる／～になる　～해지다

□ お＋동사 ます형＋する　～하다 (겸양 표현)

□ お＋동사 ます형＋なる　～하시다 (존경 표현)

□ ～てはどうですか　～하는 것이 어떻습니까?

□ ～やすい　～하기 쉽다

□ ～にくい　～하기 어렵다

□ ～に　～하러

□ ～はじめる　～하기 시작하다

□ ～ないで　～하지 않고

□ ～ないでください　～하지 마세요

□ ～だけで　～만으로

□ ～にする　～로 하다

□ ～という／～って　～라고 하는, ～라는

□ ～(さ)せる　～하게 하다

□ ～(さ)せていただきます　～하겠습니다

□ ～(よ)う　～하자

□ ～(よ)うと思う　～하려고 생각하다

□ ～(ら)れる　～하시다(존경)

JLPT
실전모의테스트
N3

자신의 실력이 어느 정도인지 확인할 수 있도록 임의적으로 만든 채점표입니다. 실제 시험은 상대 평가 방식이므로 약간의 오차가 발생할 수 있습니다.

언어지식 (문자 · 어휘 · 문법)

		배점	만점	정답 문항 수	점수
문자 · 어휘	문제 1	1점×8문항	8		
	문제 2	1점×6문항	6		
	문제 3	1점×11문항	11		
	문제 4	1점×5문항	5		
	문제 5	1점×5문항	5		
문법	문제 1	1점×13문항	13		
	문제 2	1점×5문항	5		
	문제 3	1점×5문항	5		
합계			58점		

* 점수 계산법 : 언어지식(문자 · 어휘 · 문법) [   ]점÷58×60 = [   ]점

독해

		배점	만점	정답 문항 수	점수
독해	문제 4	3점×4문항	12		
	문제 5	4점×6문항	24		
	문제 6	4점×4문항	16		
	문제 7	4점×2문항	8		
합계			60점		

청해

		배점	만점	정답 문항 수	점수
청해	문제 1	2점×6문항	12		
	문제 2	2점×6문항	12		
	문제 3	3점×3문항	9		
	문제 4	2점×4문항	8		
	문제 5	2점×9문항	18		
합계			59점		

* 점수 계산법 : 청해 [   ]점÷59×60 = [   ]점

N3

げんごちしき（もじ・ごい）

（30ぷん）

じゅけんばんごう Examinee Registration Number	

なまえ Name	

問題1 ＿＿＿＿のことばの読み方として最もよいものを、1・2・3・4から一つえらびなさい。

1 新しくできた公園には大きな池があります。

1 とち　　　　　2 いけ　　　　　3 かわ　　　　　4 つち

2 次回の会議は家庭や職場でよく起きる問題について行います。

1 しょくば　　　2 しょくじょう　3 しきば　　　　4 しきじょう

3 珍しい植物が次々と発見されている。

1 あやしい　　　2 さびしい　　　3 なつかしい　　4 めずらしい

4 あの人は正直な性格なので、会社のみんなに信頼されています。

1 しんこう　　　2 しんらい　　　3 しんだん　　　4 しんよう

5 先週注文したものがまだ届いていない。

1 いだいて　　　2 とどいて　　　3 のぞいて　　　4 まねいて

6 自分の10年後を想像したことがあります。

1 そうぞう　　　2 しょうぞう　　3 そうじょう　　4 しょうじょう

7 みんなで、優勝を祈って手紙を書きました。

1 ねらって　　　2 ねがって　　　3 いわって　　　4 いのって

8 先輩が今回の試合に参加するので応援に行きます。

1 しんえん　　　2 しえん　　　3 おえん　　　4 おうえん

問題2　＿＿＿のことばを漢字で書くとき、最もよいものを、1・2・3・4から一つえらびなさい。

9　もし雨が降った場合には講演（こうえん）は全部えんきになります。

1 長期　　　　2 短期　　　　3 禁期　　　　4 延期

10　この川はあさくて静かだけど、子供が入るには注意が必要だ。

1 汚くて　　　2 浅くて　　　3 深くて　　　4 清くて

11　大学院で語学のけんきゅうをしています。

1 研究　　　　2 研級　　　　3 研求　　　　4 研教

12　「しょうらいに何になりたいですか」と聞かれました。

1 招来　　　　2 召来　　　　3 将来　　　　4 奨来

13　木村さんを映画に誘ったが、ことわられた。

1 断られた　　2 困られた　　3 取られた　　4 誤られた

14　失敗してがっかりしていたが、もう一度さかいをあたえられてほっとした。

1 機回　　　　2 期会　　　　3 期回　　　　4 機会

問題3 （　　　）に入れるのに最もよいものを、1・2・3・4から一つえらびなさい。

15　この国では主に米を（　　　）しています。

　　1 生産　　　　　　2 見物　　　　　　3 退院　　　　　4 発売

16　料理にいれますので、にんじんと大根は（　　　）切ってください

　　1 ぬるく　　　　　2 細かく　　　　　3 狭く　　　　　4 さびしく

17　日本語は長い時間勉強しましたが、まだ日本人とスムーズに会話ができるぐらい（　　　）ではありません。

　　1 レベル　　　　　2 パターン　　　　3 スタイル　　　4 ゴール

18　あさまで寝ないで勉強していたので、授業中に眠くて何度も（　　　）が出た。

　　1 せき　　　　　　2 あくび　　　　　3 けが　　　　　4 汚れ

19　今度冬休みに海外旅行に行きたいので（　　　）収入のアルバイトだけを選んですることにした

　　1 低　　　　　　　2 高　　　　　　　3 増　　　　　　4 多

20　この辺は店が多くてとても（　　　）なところです。

　　1 にぎやか　　　　2 新鮮　　　　　　3 苦手　　　　　4 あざやか

21　長い時間のパソコン作業で目が痛かったので、目薬をいれてしばらく目を（　　　）いた。

　　1 さげて　　　　　2 しめて　　　　　3 とじて　　　　4 とめて

22　新発売のいすは子どもの身長に合わせて高さが（　　　　）できるのでとても便利です。

1　調節　　　　　2　安定　　　　　3　処理　　　　　4　共通

23　ちょっと（　　　　）なので、そのかばんを別のところにおいてください。

1　我慢　　　　　2　傷　　　　　3　けんか　　　　　4　邪魔

24　会議に遅くなってしまったので、後ろの方から（　　　　）入りました。

1　ぎっしり　　　　　2　こっそり　　　　　3　そっくり　　　　　4　ぐっすり

25　その服は仕事するときはいいけど、パーティーに行くには、ちょっと
（　　　　）すぎるんじゃない？

1　派手　　　　　2　妥当　　　　　3　上品　　　　　4　地味

問題4 _____ に意味が最も近いものを、1・2・3・4から一つえらびなさい。

26　仕事をしたいと思っていた会社に落ちて、がっかりした。

1 満足した　　　2 心配した　　　3 失望した　　　4 安心した

27　先生に「いいチャンスだから、その話は断らないほうがいい」と言われました。

1 伝言（でんごん）　　2 物語（ものがたり）　　3 機会（きかい）　　4 提案（ていあん）

28　一生懸命練習したのか彼女の歌は見事（みごと）だった。

1 きびしかった　　　　　　　2 ただしかった

3 すばらしかった　　　　　　4 めずらしかった

29　店内の商品はどれでもすべて千円です。

1 全部　　　　2 だいたい　　　3 大部分　　　4 ほとんど

30　本に夢中になっていたらいつの間にか日が暮れていました。

1 空が晴（は）れました　　　　　　2 空が曇（くも）りました

3 空が暗（くら）くなりました　　　4 空が明（あか）るくなりました

問題5　つぎのことばの使い方として最もよいものを、1・2・3・4から一つえらびなさい。

31 うたがう

1 木村先生は、クラスのみんながうたがっている人気者である。

2 母は、お兄さんがかならず帰ってきてくれるとうたがっている。

3 部長はわたしがうそを言っているのではないかと常にうたがっている。

4 昨日うたがっていたのですが、どこかいらっしゃったんですか。

32 気候

1 この国は気候が1年中暖かくて、多くの観光客が訪れます。

2 もう秋になったのか、夜になると結構気候が下がります。

3 3月は卒業式と入学式が多い気候だ。

4 今週の社員運動会を行うかどうかは、気候を見て決めることにします。

33 展開

1 友達に悩んでいたことを展開したら気持ちが楽になった。

2 あの店のクッキーは、展開して午前中には売り切れてしまうそうだ。

3 美術館で好きな画家の展開をしたので見に行った。

4 この映画は話の展開が単純なので面白くない。

34 乗り過ごす

1 バスで終点（しゅうてん）まで行って、そこから電車に乗り過ごした。

2 会議に遅れてしまったので、スピードを上げて前の車を乗り過ごした。

3 うっかりしていて降りる駅を１つ乗り過ごしてしまった。

4 空港までの道が込んでいたため、飛行機に乗り過ごしてしまった。

35 意外

1 いろいろ忙しいのは分かっているが、意外わたしの話を聞いてほしい。

2 おもしろいと聞いて読んだ本は、意外につまらなかった。

3 10年ぶりに会った彼女は、意外と変わっていった。

4 日本語ぐらいではないけど、英語は意外話すことができる。

N3

言語知識（文法）・読解

（70分）

注　意　Notes

1. 試験が始まるまで、この問題用紙を開けないでください。
   Do not open this question booklet until the test begins.

2. この問題用紙を持って帰ることはできません。
   Do not take this question booklet with you after the test.

3. 受験番号と名前を下の欄に、受験票と同じように書いて
   ください。
   Write your examinee registration number and name clearly in each box below as written on your test voucher.

4. この問題用紙は、全部で18ページあります。
   This question booklet has 18 pages.

5. 問題には解答番号の 1 、 2 、 3 … が付いています。
   解答は、解答用紙にある同じ番号のところにマークして
   ください。
   One of the row numbers 1 , 2 , 3 … is given for each question. Mark your answer in the same row of the answer sheet.

受験番号　Examinee Registration Number	

名 前　Name	

問題1　つぎの文の（　　　）に入れるのに最もよいものを、1・2・3・4から一
つえらびなさい。

[1]　皆さんの（　　　）1カ月間の研修を無事に終わらせることができました。

1 せいで　　　　　2 わけで　　　　　3 おかげで　　　4 きっかけで

[2]　田中部長はその件に（　　　）、1時間の間発表を続けた。

1 ついて　　　　　2 おいて　　　　　3 くらべて　　　4 ともなって

[3]　子どものころにとったこの写真を見る（　　　）、祖母のことを思いだす。

1 とおりに　　　　2 たびに　　　　　3 からして　　　4 ように

[4]　最近、環境に害をだす企業（　　　）批判が強くなっている。

1 にとっての　　　2 にとって　　　　3 に対するの　　4 に対する

[5]　彼の書いた小説は（　　　）面白くない。

1 まったく　　　　2 いきなり　　　　3 まだ　　　　　4 いつでも

[6]　木村「いいにおいですね。お昼はもうしましたか。
　　　山田「ああ、いいえ。今からちょうど（　　　）です。これは自分で作ったん
　　　　　　です。」

1 食べたところ　　　　　　　　　2 食べたばかり

3 食べるところ　　　　　　　　　4 食べているばかり

7　(講演会で) 先生がていねいにご説明 (　　　) ので、私もよくわかりました。

1　いただいた　　　　2　くださった　　　　3　いたした　　　　4　さしあげた

8　大川「すみません、石田さん。木村さんは明日から1カ月間日本へ (　　　) か
　　　ら、代わりに光電気の会議に出てくれない？」
　　石田「明日の会議ですよね。はい、わかりました。準備しておきます。」

1　出張するに決まっている　　　　　　　2　出張するはずがない

3　出張するかもしれない　　　　　　　　4　出張することになっている

9　山頂に近くなれば (　　　)、息を吸うのが苦しくなっていく。

1　なるほど　　　　　2　なるぐらい　　　　3　なるだけ　　　　4　なるしかなら

10　足の骨折で今まで全然動けなかったけど、1週間ほど練習してやっと少し運転
　　まで (　　　)。

1　できるようでなりました　　　　2　できたようでしました

3　できるようになりました　　　　4　できたようにしました

11　その俳優が大好きなので、ぜひ私に彼へのインタビューを (　　　)。

1　してさしあげませんか　　　　　2　していただけませんか

3　させてもいいですか　　　　　　4　させていただけませんか

12 A「きみ、わたしのかばんはどこにあるの？」
　　B「社長のかばんはあそこに ______。」

1 いらっしゃいます　　　　　　2 おいでになります

3 ございます　　　　　　　　　4 おります

13 良子「天気予報で暖かいと言っていたのに、寒いね。」
　　木村「そうだよね。こんなに冷えるのなら、セーターを ______。」

1 持ってきただろうか　　　　　2 持ってくればよかった

3 持ってきてしかたがない　　　4 持ってくることは持ってきた

問題2　つぎの文の　★　に入る最もよいものを、1・2・3・4から一つえらびなさい。

14　長年やってきた ＿＿＿ ＿＿＿ ★ 、 ＿＿＿ 過ぎている。

1　もう1年が　　　　　　　　　　　　2　から

3　しなくなって　　　　　　　　　　4　朝のジョギングを

15　A「お客さま、この赤いのはどうですか。」

B「この服は私には ＿＿＿ ＿＿＿ ★ ＿＿＿ はありませんか。

1　きついので　　　2　大きいの　　　3　ちょっと　　　4　もう少し

16　A「日本語がじょうずですね。」

B「いいえ、＿＿＿ ＿＿＿ ★ ＿＿＿。」

1　それ　　　　　2　でも　　　　　3　ありません　　　4　ほど

17　母が、最近看板の ＿＿＿ ＿＿＿ ★ ＿＿＿ メガネを買いに行った。

1　ので　　　　　　　　　　　　　　2　字が見えなくて

3　一緒に　　　　　　　　　　　　　4　困るという

18　青木市役所に ★ ＿＿＿ ＿＿＿ ＿＿＿ まっすぐ歩いてください。

1　3つ目の角を　　　　　　　　　　2　右に曲がって

3　10分ぐらい　　　　　　　　　　4　行くには

問題3　つぎの文章を読んで、文章全体の内容を考えて、　19　から　23　の中に入る最もよいものを、1・2・3・4から一つえらびなさい。以下の文章は、あるアパートのゴミの出し方の知らせである。

以下の文章は留学生の金さんが、「新しい家」について書いた作文です。

「新しい家」

キンメイ
金明

　先月、新しい家に引っ越しをしました。駅から少し遠いですが、静かです。前は駅の近くのアパートに住んでいて便利でしたが、　19　。今の家の近くにはあまり店がありませんから、買い物に行くときは不便ですが、家のそばには広い公園があって、鳥がたくさんいます。そこにはいつもきれいな花が咲いています。　20　、このマンションは部屋から富士山が見えてその見晴らしのよさも自慢です。

　しかし、今度このマンションの向かいに高層マンションが　21　。マンションの住民の一部は反対運動を起こしていますが、すでに工事の準備は進んでいます。この週末に不動産会社との話し合いの場が予定されていますが、形だけのもので、私たちの気持ちは伝えられたとしても、　22　受け入れられないでしょう。住民の中には争いごとは避けたいといってすでにあきらめている人もいます。私はまだ引っ越したばかりなので自分の立場を　23　。

19

1 車が多くてとても楽でした

2 車も人も少なくとても楽になりました

3 車も人も多くてうるさかったです

4 車も人も多くてうるさくなりました

20

1 たとえば　　　　2 それから　　　　3 このように　　　4 また

21

1 建設されるようです　　　　　　2 建設するらしいです

3 建設させられそうです　　　　　4 建設されそうです

22

1 おそらく　　　　2 もし　　　　3 必ず　　　　4 けっして

23

1 決めていきたいと思います

2 決めていました

3 決めないそうです

4 決められずにいます

問題4 つぎの (1) から (4) の文章を読んで、質問に答えなさい。答えは、1・2・3・4から最もよいものを一つえらびなさい。

（1）

これは交流会の出席予定者に届いたメールである。

交流会にご出席のみなさん

　こんにちは、山下です。今週土曜日の交流会ですが、バスが朝7時半に出ますから、7時15分までに駅に集まってください。天気が悪くて行けないときは、その次の週になります。行かないときは、朝6時ごろに皆さんに電話をします。少しの雨だったら行きますから、電話がないときは駅に来てください。帰りは午後5時ごろの予定です。山にはレストランがありますから、お弁当は準備しなくても結構です。

---

24 このメールを見た人はどうしなければならないか。

1　バスが朝7時半に出発するので6時までに駅に行かなければならない。

2　天候のために行けないときは中止になるので、朝6時までに電話をしなければならない。

3　バスが朝7時半に出発するので7時15分までに駅に行かなければならない。

4　午後5時に帰るのでお弁当は持っていかなければならない。

（2）

これは田村さんの机の上にあったメモである。

安嶋先生のゼミ発表会の準備メモ

12月3日(日)1時〜、大学の第1会議室

司会	木村さん　オッケー
ビデオカメラ	村上さんに、当日12時までに先生に確認する。
パソコン	当日使うかどうか、前日までに先生に確認する。
お弁当	前日までに店に注文し、当日10時に取りに行く。
発表会で配るレジュメ	
	当日11時から、大学のロビーでアンケート用紙と一緒に封筒に入れる(木村さんと)。
発表会後の食事会	前日まで駅前の居酒屋を予約する(7時から11人)

25　12月3日の午前中に、田村さんがすることはどれか。

1　司会を木村さんに頼むことと、駅前の居酒屋を予約すること

2　ビデオカメラを持参することと、先生を見送ること

3　パソコンの使用について先生に確認することと、資料を準備すること

4　弁当を店にとりに行くことと、配るものを封筒に入れること

（3）

　富士急テーマパークは、中央駅にある総面積５０万平方メートルの大規模なテーマ
パークである。市内からも近くて、３０分以内の郊外に位置していてまるでピクニッ
クに出かけたような気分になれる。そしていろいろな乗り物があり、そのほかスケー
トリンク、ボウリングセンターと無料で見られる劇場施設、飲食施設、駐車場などの
施設もある。その中でも最高速で落ちる「ジェット―・空」という乗り物が有名だ。し
かし、一番人気なので乗るためには多少時間がかかる。休日は込むので早めに入場し
たほうがいい。

26　この文章から、富士急テーマパークについてどんなことがわかるか。

　１　中央駅からは近いけど、中心部からは遠い。

　２　無料で観覧できる劇場が人気だ。

　３　乗り物以外にもたくさんの施設がある。

　４　「ジェット―・空」は並ばなくてもいい。

（4）

　「夜ご飯」という言葉を初めて聞いた。最近、「晩ご飯」の代わりに使われるように
なってきたらしい。食事の時間が「晩」から「夜」へとだんだん遅くなり、言葉も一緒
に変化してきたそうだが、「晩ご飯」という言葉が当たり前の私には、「夜ご飯」と「晩
ご飯」が同じ意味には考えられない。しかし、もともと「晩ご飯」も「夕ご飯」の代わり
に使われるようになった言葉だそうだ。「夕ご飯」が当たり前だった人たちも、私と
同じように感じたかもしれない。

27　「夕ご飯」が当たり前だった人たちは、どのように感じていたのか。

　　1　「夜ご飯」という言葉は変だ。

　　2　「晩ご飯」という言葉は変だ。

　　3　「夕ご飯」という言葉は変だ。

　　4　「ご飯」という言葉は変だ。

問題5　つぎの（1）と（2）の文章を読んで、質問に答えなさい。答えは、1・2・3・4から最もよいものを一つえらびなさい。

（1）

　毎朝6時に起きて、会社に行く前に中国語を勉強し、勉強が終わった後は近くのレストランで朝食を済ませている。料理をするのは嫌いではないが、まだ慣れていないし、また朝は出勤の支度もあるのでつい①面倒くさいと思ってしまう。それで大体レストランで済ませることが多い。最近よく行くレストランのシステムが変わり、料理の値段が安くなった。以前は店員に直接注文するシステムだったが、今は自動販売機で注文し、カウンターから直接料理を受け取らなければならない。このシステムがいいと思う人もいるかもしれないが、機械の扱いが苦手な私は②値段が安くなった分不便になったと思う。

　新しいシステムが増え、技術の発達によって確かに生活は便利になったというが、人との関わりが薄くなり、人間的な触れ合いを十分持てない生活が本当に便利になったと言えるだろうか。

28 ①面倒くさいと思うのはなぜか。

1 料理をするのは慣れているが、好きじゃないから

2 料理をするのは慣れていないし、朝も忙しいから

3 料理をするのは好きだけど、朝は中国語を勉強するから

4 朝、暇だけど、料理をするのは好きじゃないから

29 ②値段は安くなった分不便になったのはどうしてか。

1 食べ物は持って来てくれるけど、飲み物は持って来てくれないから

2 機械を使うのに慣れていないのに自動販売機で注文しなければならないから

3 店員は食べ物を持って来てくれるが、自動販売機でチケットを買わなければ
  ならないから

4 店員に注文するが、食べ物は直接持って来なければならないから

30 著者が一番言いたいことは何か。

1 機械が発達して人々の生活がとても便利になった。

2 新しいシステムに慣れないと便利になったとはいえない 。

3 人が機械を触れるので便利になったといえる。

4 人との関係がなければ本当に便利になったとはいえない。

（2）

　最近、日本では就職率が次第に高くなっている。今年の春に卒業した大学生の就職率は９６．７％で、過去最高に比べて少し高い。世界経済の不況の影響で、日本も不況が続いたが、去年から企業の採用数が増えてきている。このように①就職率が高くなった理由は若い人口が減少したことと、大学進学率が低いことがあげられる。

　就職しやすくなったことは学生たちにとって幸せな悩みかもしれないが、一方で、②そうではない悩みもある。内定を出した学生に対して、他の企業への就活を辞めるように求める企業が多いせいで、他の企業の面接の予定が決まっていても学生たちは嘘をつくようになってしまう。たとえば、内定をもらった企業から「他社を受けるな」と言われたら、③もしものことを考えて「受けません。ここに入社します」と答えなければならないのだ。

31 ①就職率が高くなった理由は何か。

1 経済成長率が高くなったから

2 これ以上不況ではないから

3 若い人の減少によって進学率が減ったから

4 中小企業の給与と福祉がよくなったから

32 ②そうではない悩みは、何か。

1 世界経済が不況だということ

2 大学進学率が高くなったこと

3 企業に嘘をつかなければならないこと

4 他の会社に就職ができないこと

33 ③もしものことは、何か。

1 内定を出した企業に嘘をつくこと

2 他の企業への就職活動をやめること

3 他の企業の面接を受けること

4 内定を取り消されること

問題6　つぎの文章を読んで、質問に答えなさい。答えは、1・2・3・4から最も
　　　　よいものを一つえらびなさい。

　現在、日本人の喫煙者の数と非喫煙者の数を比べると、喫煙者の数は非喫煙者の
約1/5だそうだ。タバコの値段が上がったことや健康の問題などで、タバコを吸う
人はだんだん減少している状態である。①こんな状態の中で非喫煙者の間では面白
い行動が観察されている。禁煙席と喫煙席があるお店で喫煙席を選ぶ非喫煙者が出
始めていることだ。それにはいくつかの理由がある。

　一つは、喫煙席は空いているからだそうだ。今はタバコを吸わない人の方が多い
ので、禁煙席はいつも混んでいるのに比べて②喫煙席は空いている場合が多く、待
たされることなくすぐお店に入ることができる。

　また、喫煙席の方が静かだからだそうだ。喫煙席は人が少ないので静かであるこ
とは当たり前だが、それに喫煙席だと、だいたい一人のお客さんか大人のお客さん
が多いので、かなり静かである。子どもを連れてきて喫煙席を選ぶ人はほとんどい
ないため、ゆっくり時間をすごしたい人はタバコを吸わなくても喫煙席を選ぶので
ある。

　③このような理由をまとめてみると、タバコを吸わない人が喫煙席を選ぶことも
理解できなくはない。喫煙席はタバコを吸わない人も座ることができる。だから、
こんな方法も時間を気持ちよく過ごせる一つの方法ではないかと思う。ただし、非
喫煙者の中で少しの煙もだめな人には無理だろう。

34　①こんな状態とあるが、何か。

1　非喫煙者の数がだんだん減って喫煙者の数は非喫煙者の数の約1/5である。

2　非喫煙者の数がだんだん増えて非喫煙者の数は喫煙者の数の約1/5である。

3　喫煙者がだんだん減って喫煙者の数は非喫煙者の数の約1/5である。

4　喫煙者がだんだん増えて非喫煙者の数は喫煙者の数の 約1/5である。

35　②喫煙席は空いている場合が多くとあるが、それはどうしてだと言っているか。

1　健康が心配だから

2　タバコを吸わない人に比べてタバコを吸う人が少ないから

3　タバコを吸わない人が座ってはいけないから

4　煙がだめだから

36　③このような理由とは例えばどんな理由なのか。

1　タバコの値段が高くなったこと

2　喫煙席が混んでいる場合が多いこと

3　喫煙席の方が人が少なくて静かであること

4　喫煙者がだんだん減ること

37　この文章全体のテーマは、何か。

1　非喫煙者の面白い行動

2　席の取り方

3　タバコと健康

4　時間を気持ちよく過ごす方法

問題7　右のページは、海外インターンシップ・ボランティアプログラム参加者募
　　　集のお知らせである。これを読んで、下の質問に答えなさい。答えは1・2・
　　　3・4から最もよいものを一つえらびなさい。

38　ナンさんは語学試験を受けたことはないが、日常生活の会話はだいたいできる
　　　ので海外インターンシッププログラムに参加したいと思っている。春休みだけ
　　　ど、就職活動があるので、15日ほどしか時間が取れない。ナンさんの希望に
　　　合うクラスはいくつあるか。

　　　1　1つ　　　　　　　　2　2つ　　　　　　　　3　3つ　　　　　　　　4　4つ

39　このプログラムに参加したいと思っている人が気をつけなければならないこと
　　　は何か。

　　　1　プログラムに参加するには、英語のインタビューを受けなければならない。

　　　2　希望者が多い場合、プログラムに参加できない可能性がある。

　　　3　料金は、インタビューを受ける日に支払わなければならない。

　　　4　語学スコアはいつでも証明できればいい。

海外インターンシップ・ボランティア募集

この春休み、海外インターンシップ・ボランティアへ参加してみませんか。

	期間	場所	募集人数	費用	条件
(1) カナダ 海外 インターンシップ	2015年 2月23日(月) ～23日間	カナダ ブリティッシュ コロンビア州 ケロウナ	15名 (最少進行 人数10名)	398,000円 航空券代含む	TOEIC等 スコア不要
(2) アメリカ ボランティア研修	2015年 2月13日(金) ～10日間	アメリカ ワシントン州 シアトル	15名 (最少進行 人数1名)	348,000円 航空券代含む	TOEIC等 スコア必要
(3) マネジメント 海外業務体験 インターンシップ	2015年 2月15日(日) ～10日間	カナダ バンクーバー	各国1名	469,800円 航空券代含む	TOEIC等 スコア不要
(4) スポーツ マネジメント 海外研修	2015年 3月9日(月) ～8日間	アメリカ シアトル＆ ポートランド	35名 (最少進行 人数15名)	358,000円～ 388,000円 (人数により変動) 航空券代含む	TOEIC等 スコア必要

　海外インターンシップでは、世界の企業でグローバルに活躍するための英語力・異文化理解・社会人マナーなどの社会人基礎力を身につけることができます。

　「申し込み方法」

　名前、住所、電話番号、希望プログラムを書いて下のメールアドレスに送ってください。受付後、簡単な英語のインタビューをします。そのためのメールを送りますので、希望日を記入して返送してください。インタビューを受けないと申し込みができないのでご注意ください。

　「そのほか」

　インタビューの結果によって、希望するプラグラムに参加できない場合があります。

　料金はインタビューの前日までお支払い下さい。一度支払った料金は理由関係なくお返しできません。語学スコアが必要な場合は、証明できるものを英語のインタビューの日にお出しください。

東海大学国際交流センター

電話：01－578－8760（平日 13：00～21：30）

E－メール：kokusai@toukai-city.com

N3

<ruby>聴解<rt>ちょうかい</rt></ruby>

（40分）

受験番号（じゅけんばんごう）　Examinee Registration Number	

名前　Name	

問題1

問題1では、まず質問を聞いてください。それから話を聞いて、問題用紙の1から4の中から、最もよいものを一つえらんでください。

れい

1　8時45分

2　9時

3　9時15分

4　9時30分

1 ばん

1 テレビを一階にうごかす

2 ビニールでつつむ

3 本を整理する

4 へやの掃除をする

2 ばん

1 会議室をよやくする

2 しりょうを準備する

3 飲み物を買う

4 部長に日程を伝える

3 ばん

1

2

3

4
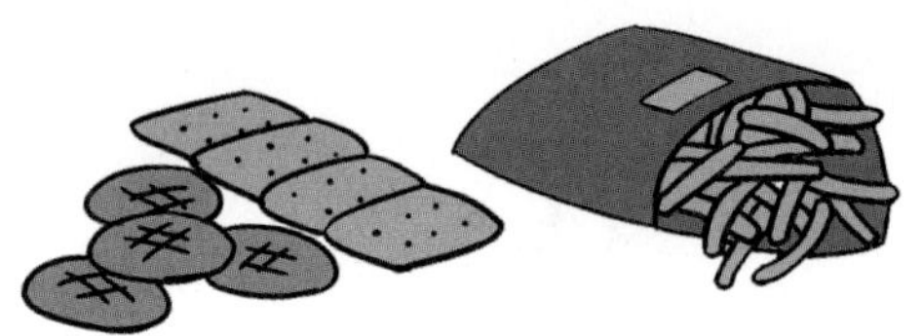

4 ばん

1　あおい歯医者

　　10:00〜12:00、14:00〜17:30　しゅうまつ　休み

2　もみじ歯医者

　　9:30〜13:00、14:00〜19:30　まいしゅう月曜日　休み

3　はな歯医者

　　10:00〜13:00、14:00〜19:30

　　まいしゅう土曜日　休み　（＊14時からは予約なしでもOK)

4　ロジー歯医者

　　10:00〜13:00、14:00〜19:30

　　まいしゅう土曜日　休み　（＊予約制)

5ばん

1 部長に伝言をつたえる

2 マニュアルをメールで送る

3 マニュアルを郵送する

4 マニュアルを持って行く

6ばん

1 商品名

2 問題点の部分

3 最後の部分

4 新商品の説明

問題2

問題2では、まず質問を聞いてください。そのあと、問題用紙を見てください。読む時間があります。それから話を聞いて、問題用紙の1から4の中から、最もよいものを一つえらんでください。

れい

1　いそがしくて時間がないから

2　料理がにがてだから

3　ざいりょうがあまってしまうから

4　いっしょに食べる人がいないから

1 ばん

1 風邪を引いてしまったから

2 新商品の発表日が早くなったから

3 新商品の発表の準備で忙しいから

4 発表の準備がまにあわないから

2 ばん

1 人が少なくて静かだから

2 駅から近いから

3 図書館がきれいだから

4 本の種類が多いから

3ばん

1　女の人がねぼうしないか心配したから

2　女の人にお願いがあったから

3　男の人がねぼうしたから

4　電車の時間におくれそうだから

4ばん

1　女の人が本社に行かなければならないから

2　しりょうの準備ができていないから

3　会議室が満室だから

4　木村さんが参加できないから

5ばん

1 お風呂に入る

2 冷たいものを飲む

3 ふくをたくさん着る

4 室内をあたたかくしてゆっくり休む

6ばん

1 日本語をなおしてもらったこと

2 国際こうりゅうかいを調べてもらったこと

3 いつもほめてくれたこと

4 相談あいてになってくれたこと

問題3

　問題3では、問題用紙に何もいんさつされていません。この問題は、ぜんたいとしてどんなないようかを聞く問題です。話の前に質問はありません。まず話を聞いてください。それから、質問とせんたくしを聞いて、1から4の中から、最もよいものを一つえらんでください。

－ メモ －

問題 4

問題 4 では、えを見ながら質問を聞いてください。やじるし（➡）の人は何と言いますか。1 から 3 の中から、最もよいものを一つえらんでください。

れい

1 ばん

2 ばん

3 ばん

4 ばん

問題5

問題5では、問題用紙に何もいんさつされていません。まず文を聞いてください。それから、そのへんじを聞いて、1から3の中から、最もよいものを一つえらんでください。

－ メモ －

JLPT N3
실전모의테스트

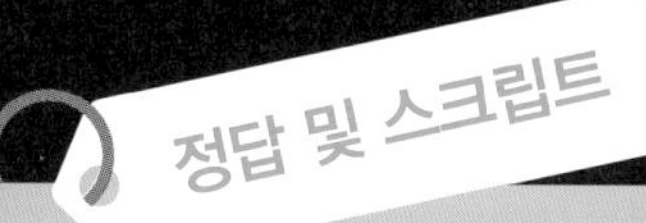

● **언어지식(문자·어휘)**

문제 1 **1** ②　**2** ①　**3** ④　**4** ②　**5** ②　**6** ①　**7** ④　**8** ④

문제 2 **9** ④　**10** ②　**11** ①　**12** ③　**13** ①　**14** ④

문제 3 **15** ①　**16** ②　**17** ①　**18** ②　**19** ②　**20** ①　**21** ③　**22** ①　**23** ④　**24** ②　**25** ④

문제 4 **26** ③　**27** ③　**28** ③　**29** ①　**30** ③

문제 5 **31** ③　**32** ①　**33** ④　**34** ③　**35** ④

● **언어지식(문법) / 독해**

문제 1 **1** ③　**2** ①　**3** ②　**4** ④　**5** ①　**6** ③　**7** ②　**8** ④　**9** ①　**10** ③　**11** ④　**12** ③　
13 ②

문제 2 **14** ② (4321)　**15** ④ (3142)　**16** ② (1423)　**17** ① (2413)　**18** ④ (4123)

문제 3 **19** ③　**20** ④　**21** ①　**22** ①　**23** ④

문제 4 **24** ③　**25** ④　**26** ③　**27** ②

문제 5 **28** ②　**29** ②　**30** ④　**31** ③　**32** ③　**33** ④

문제 6 **34** ③　**35** ②　**36** ③　**37** ①

문제 7 **38** ①　**39** ①

문제 1 **1** ②　**2** ④　**3** ②　**4** ③　**5** ②　**6** ②

문제 2 **1** ②　**2** ①　**3** ②　**4** ①　**5** ④　**6** ④

문제 3 **1** ②　**2** ③　**3** ③

문제 4 **1** ②　**2** ①　**3** ②　**4** ①

문제 5 **1** ①　**2** ②　**3** ③　**4** ③　**5** ②　**6** ①　**7** ③　**8** ①　**9** ③

問題1

例

ホテルで会社員の男の人と女の人が話しています。女の人は明日何時までにホテルを出ますか。

男：では、明日は、9時半に事務所にいらしてください。

女：はい、ええと、このホテルから事務所まで、タクシーでどのぐらいかかりますか。

男：そうですね、30分もあれば着きますね。

女：じゃあ、9時に出ればいいですね。

男：あ、朝は道が混むかもしれません。15分ぐらい早めに出られたほうがいいですね。

女：そうですか。じゃあ、そうします。

女の人は明日何時まででホテルを出ますか。

1ばん

女の人と男の人が話しています。女の人は、これから何をしますか。

男：いよいよ明日引っ越しですね。

女：はい、そうです。でも、天気が悪くなるそうで心配です。天気予報によると、雨が降るそうです。

男：それは心配ですね。何か私が手伝えることありますか。

女：あ、もし、明日暇なら一階までテレビを運んでくれませんか。ちょっと重くて…。

男：いいですよ。でも、明日雨だそうですから、ビニールとかで包んだ方がいいと思います。

女：そうですね。それは今日やっておきます。

男：ほかに本の整理とかあったら明日手伝います。

女：ありがとうございます。

女の人は、これから何をしますか。

2ばん

会社で男の人と女の人が話しています。男の人は何をしなければなりませんか。

女：田中さん、明日の会議の準備どうなってる？会議室の予約は終わった？

男：はい、先月と同じところに予約しました。そして、資料も準備しておきました。

女：そう、あそこの会議室広くていいよね。資料の準備まで終わって安心だね。あ、飲み物の準備は？

男：それは、まだです。

女：明日になったら遅いから、今買って、冷蔵庫に入れておいてね。

男：はい、分かりました。今日買って入れます。

女：うん、それからまず、部長に日程を連絡してね。

男：はい。

男の人は何をしなければなりませんか。

3ばん

男の学生と女の学生がファーストフード店で話しています。女の学生はどれを選ぶことにしましたか。

女：うわ、おいしそう～。

男：そうだね。ここ、セットもあるけど何にする？

女：うーんと、どうしようかな。お腹がペコペコだから、ビスケットよりはこっちにしようかな。

男：でも、それ飲み物がついていないよ。

女：あっ、そうだ。じゃ、やめた。やっぱり飲み物は必要だよね。

男：ポテトはどうする。僕はポテトがついてるこれにするよ。やっぱりハンバーガーはポテトと食べなくちゃ。

女：そう。うーん、でも私はポテト要らないから、こっちにするね。

女の学生はどれを選ぶことにしましたか。

4ばん

男の人と女の人が病院の案内を見ながら話しています。男の人はどこの病院に行きますか。

男: ねえ、朝から歯が痛いんだけど、どこかいい歯
　　医者さん知らない？
女: え、大丈夫？歯医者さんね。私は会社から近い
　　からここ行ってるけど、夜、終わるのが結構早
　　いんだ。
男: じゃ、そこは無理だよね。僕、最近残業が多い
　　から。
女: そう。いつ行くの？
男: うん、今すぐ行きたいんだけど。
女: 今。そんなに痛いの？えーと、それなら、今日
　　は月曜日だから、ここはお休みだね。
男: あ…痛い。他の病院はもうないかな。
女: あっ、あった。最近できたところ。そこは今2時
　　だから予約しなくても行けると思う。
男: ありがとう。早く行って来るよ。

男の人はどこの病院に行きますか。

5ばん

男の人と女の人が電話で話しています。男の人は
このあとまず、何をしなければなりませんか。

男: はい、スエムラ商事です。
女: もしもし、東京デパートの藤原と申しますが、
　　鈴木部長はいらっしゃいますか。
男: 申し訳ありません。鈴木はただいま席をはずし
　　ておりますが。
女: では、伝言をお願いできますか。
男: はい。
女: 実はお願いしていたマニュアルが完成したと伺っ
　　たんですけど、早く確認したいので、メールで
　　送ってほしいと伝えてください。
男: あ、東京デパート様のマニュアルですね。鈴木
　　から聞いております。
女: そうですか。では、申し訳ありませんが、すぐ
　　メールでお願いできますか。
男: かしこまりました。では、さっそく。

女: あ、それから、マニュアルは50部を全部郵送
　　にお願いしているんですが、数を百部にし、ま
　　たなるべく早くほしいので、すみませんが、
　　明日持ってきていただけませんか。
男: 分かりました。

男の人はこのあとまず、何をしなければなりません
か。

6ばん

会社で男の人と女の人が、話しています。男の人
は、この後、報告書のどこを直しますか。

男: 部長、この報告書、明日発表するものですが、
　　見ていただけませんか。
女: あ、新商品の報告書。いいですよ。では、見せ
　　てください。
男: はい、ありがとうございます。
女: えーと、まず初めの部分に市場調査したものが
　　書いてあって、次に問題点がありますね。それ
　　から、最後の部分に新商品について書いてあるん
　　ですね。
男: はい、初めのところがうまく書けなくて…。
女: うーん、初めはこれでいいと思います。それか
　　ら、えーと、次は問題点の部分ですね。最初
　　の2つの問題点はすごく分かりやすく、新商品
　　とも関連づけられると思いますが、3つ目の問
　　題点は新商品とあんまり関係がない気がします
　　が。
男: そうですか。それじゃ、そこは書き直したほう
　　がいいですね。それで、最後の部分はどうです
　　か。変えたほうがいいですか。
女: うーん、最後は問題点の解決策としての新商品
　　を説明していくのがよく書けてるし、いいと思
　　います。商品の名もぴったりだね。
男: ありがとうございます。直してみます。

男の人はこのあと、報告書のどこを直しますか。

問題2

例

女の人と男の人がスーパーで話しています。男の
人はどうして自分で料理をしませんか。

女: あら、田中君、お買い物？

男: うん、夕飯を買いにね。

女: お弁当？自分で作らないの？時間ないか。

男: いや、そうじゃないんだ。

女: じゃあ、作ればいいのに。

男: 作るのは嫌いじゃないんだ。でも、一人だと…。

女: 材料が余っちゃう？

男: それはいいんだけど、一生懸命作っても一人で
食べるだけじゃ、なんか寂しくて。

女: それもそうか。

男の人はどうして自分で料理をしませんか。

1ばん

会社で男の人と女の人が話しています。男の人は
どうして今度の出張に行けませんか。

男: 今度の出張、私の代わりに課長が行くことにな
りましたよ。

女: やっぱり、風邪引いているから出張は無理です
ね。

男: 風邪はだんだんよくなっているから問題ありま
せんが、新商品の発表のことで…。

女: ああ、最近、新商品の発表の準備で忙しいです
よね。出張に行ったら間に合わないかもしれな
いですね。

男: いや、それより、発表日が一週間早くなっちゃっ
て。

女: それじゃ、出張に行くのは無理ですね。

男の人はどうして今度の出張に行けませんか。

2ばん

男の学生と女の学生が話しています。女の学生は
新しくできた図書館の一番いい所は何だと言って
いますか。

男: 今日、試験勉強どこでするつもりなの？

女: 駅前に新しくできた図書館でするつもりだよ。

男: ああ、あの図書館きれいでいいらしいね。本の
種類も多そうだし…。

女: 本の種類はそんなに多くないよ。

男: じゃあ、駅から近くて便利だから行くの？

女: 駅から近いからそれもいいけど、何より人が少
なくて静かだからいいの。

男: そうか、僕も今日行ってみようかな。

女の学生は新しくできた図書館の一番いい所は何だ
と言っていますか。

3ばん

男の人と女の人が電話で話しています。男の人は
どうして女の人に電話しましたか。

男: もしもし、僕だけど、起きた？

女: 一時間前から起きてるよ。私が寝坊するか心配
になって電話したの？

男: いや、僕が少し寝坊しちゃってお願いがあって
ね。

女: えっ、大丈夫。電車の時間に間に合うの？

男: 電車の時間には間に合いそうだけど、学校で荷
物とってから駅に行くつもりだったのにそうす
ると、電車の時間に遅れそうでね。

女: じゃあ、私が学校から荷物とって来ようか。

男: そうしてくれる？ありがとう。

男の人はどうして女の人に電話しましたか。

4ばん

課長と女の人が話しています。女の人は会議の日程
が変更になった理由は何だと言っていますか。

女: 課長、今度の会議の資料なんですけど、一回
チェックしていただけますか。

課長: いいよ。会議は今週の金曜日だよね。
資料の準備、もうできたのか。

女: はい、資料は今日の朝できました。
でも、会議が木曜日に変更になって…。

課長： そう。金曜日は会議室が満室だから。それとも木村さんが参加できなくなったの。

女： いいえ、会議室は余裕がありますし、木村さんは参加しなくてもいい会議ですが…。私が金曜日本社に行かなくちゃいけなくなって。

課長： そうか、じゃあ、今日までに資料をチェックしておくね。

女の人は会議の日程が変更になった理由は何だと言っていますか。

5ばん

テレビで女の人が話しています。女の人は熱があるとき、どうしていると言っていますか。

女： 風邪やストレスが原因で熱が出るときがありますね。熱があると本当につらくなります。皆さんは熱がある時、熱を下げるためにどうしていますか。私は昔、熱を下げるためにお風呂に入って汗をかくようにしたり冷たいものをたくさん飲んだりすると熱が下がると思っていました。でも、そんな方法は効果がないらしいです。また、熱を下げるために服をたくさん着る人もいるらしいですが、その方法も汗をかくとすぐ着替えをしなければいけないらしいです。それで、最近私は熱がある時は室内を暖かくしてゆっくり休むようにしています。

女の人は熱があるとき、どうしていると言っていますか。

6ばん

留学生と先生が話しています。留学生は先生に何が一番お世話になったと言っていますか。

留学生： 先生、私ももうすぐ卒業します。今まで先生にはいろいろお世話になりました。

先生： いやいや、君が頑張ったから卒業できたんだ。

留学生： 先生に日本語の間違いを直していただいて日本語も上手になりました。

先生： 確かに、君の日本語は本当に上手になったよね。最近は文法の間違いはほとんどないし。

留学生： 友達ができなくて困っている時は国際交流会も調べていただいたり、いつもほめてくださったりしていろいろ助かりました。でも、何よりもいつも相談相手になってくださってありがとうございます。

先生： これからも困ったことがあったら私に連絡してもいいよ。

留学生は先生に何が一番お世話になったと言っていますか。

問題3

例

女の人が友だちの家に来て話しています。

女1： 田中です。

女2： あ、はあい。昨日友達が泊まりに来てたんで、片付いてないけど、入って。

女1： あ、でもここで。すぐ帰るから。あのう、この前借りた本なんですけど、ちょっと破れちゃって。

女2： え、本当？

女1： うん、このページなんでけど。

女2： あっ、うん、このくらいなら大丈夫、読めるし。

女1： ほんと？ ごめん。これからは気をつけるから。

女2： うん、いいよ。ねえ、入ってコーヒーでも飲んでいかない？

女1： ありがとう。

女の人は友達の家へ何をしに来ましたか。

1 謝りに来た
2 本を借りに来た
3 泊まりに来た
4 コーヒーを飲みに来た

1ばん

男の人と女の人が話しています。

女: 仕事を始めてもうけっこう時間たったよね。どう？新しい会社は？

男: うん、最近やっと慣れてきたかな。覚えることがたくさんあって残業も多い。

女: そうなんだ。大変だね。

男: うん、でも、面白いよ。

女: 何が。仕事が？

男: うん。以前はあまり忙しくなかったからよかったけど、仕事が単調だったからあまり面白くなかったんだよね。それに比べて今は責任のある仕事だから、毎日大変だけど、楽しいよ。

女: それはよかったね。

男の人は新しい仕事についてどう思っていますか。

1　簡単で楽しい
2　忙しいが面白い
3　単調でつまらない
4　仕事は多いが簡単だ

2ばん

女の人と男の人が玄関で話しています。

女: はーい。

男: こんにちは。

女: あっ、どうも。こんにちは。

男: あのう、今お忙しいですか。
　　実は知り合いにコンサートチケットをもらったんで、よろしければ…。

女: まあ、どんなコンサートですか。

男: ピアノ演奏です。どうですか。

女: 私ピアノ大好きだから、うれしいわ。

男: よかった。ただ、時間がちょっと遅いんですけど、もし都合がよろしければ夕食も一緒にどうですか。

女: いいですよ。すぐ支度しますから、中に入って待っててください。

男の人は何をしに来ましたか。

1　プレゼントをあげるため。
2　チケットを売るため。
3　ピアノの演奏に誘うため。
4　ピアノの演奏を聞くため。

3ばん

テレビで女の人が話しています。

女: 今女性の間でウーロン茶がブームになっています。いろいろな種類と産地のウーロン茶があるお店も最近増えました。お店で好きなウーロン茶を買ってきて、家でゆっくり飲んでみてはどうですか。おいしいウーロン茶を家で楽しむには、いろんな方法がありますが、一番重要なポイントがあります。まず、ポットやカップを先に暖めておいてください。そして、葉にお湯を入れて2分ほどたったら捨ててください。最初のウーロン茶は苦いので、捨てらまた熱いお湯を使ってください。そうすればご自宅でも本場で飲むようなおいしいウーロン茶を飲むことができます。

女の人は何について話していますか。

1　ウーロン茶の産地
2　カップの楽しみ方
3　ウーロン茶の入れ方
4　ウーロン茶の店

例

ホテルのテレビが壊れています。何と言いますか。

1　テレビがつかないんですが。
2　テレビをつけてもいいですか。
3　テレビをつけたほうがいいですよ。

1ばん

子どもの先生に会いました。先生にあいさつをします。何と言いますか。

1　始めまして、嬉しいです。
2　うちの子どもがお世話になっております。
3　おかげさまで元気ですか。

2ばん

取引先の人と電話で予定を決めています。何と言いますか。

1　伺います。
2　ご覧ください。
3　いつ伺いましたか。

3ばん

友達が帰る時、ペンを忘れています。何と言いますか。

1　ちょっといいですか。
2　これ、ペン。忘れてるよ。
3　あのう。これどうぞ。

4ばん

辞書を使いたいです。友達に何と言いますか。

1　その辞書を貸してくれない？
2　その辞書をお貸ししましょうか。
3　その辞書をご覧ください。

問題5

例

すみません、いま、時間、ありますか。

1　ええと、10時20分です。
2　ええ。なんですか。
3　時計はあそこですよ。

1ばん

昨日の火事、原因は何だったの？

1　タバコの火が原因のようだよ。
2　教科書をよく読んでください。
3　雨が降り続けたから。

2ばん

冷蔵庫のドーナツ、私が食べていいの？

1　うわ、私のために買ってきてくれたの。
2　え、一つしか残ってないのに。
3　ごめん、私が食べたの。

3ばん

あ、やっと来た。もう10分も過ぎてるよ。

1　早くきてくれたね。
2　あ、大変だ。遅れそう。
3　ごめん。寝坊しちゃって。

4ばん

来週のクラス会、私も行きたいなぁ。

1　いいな。楽しかったんだ。
2　あっ、それ私も行くよ。
3　何、行けないの？

5ばん

今週末、何もなかったらどこか行かない？

1 ごめん、今日はまっすぐ帰るよ。
2 いいね。どこ行くの？
3 うん。私も行きたかったよ。

6ばん

この資料、全部確認したので、部長の机の上に置いときます。

1 じゃあ、部長にそう伝えておきます。
2 じゃあ、確認してくれる。
3 じゃあ、ご覧くださいね。

7ばん

田中さん、課長がお呼びです。

1 部長、いらっしゃいましたか。
2 田中さん、おかけください。
3 はい、すぐ参ります。

8ばん

先生、明日授業の後ちょっと時間よろしいですか。

1 うん、いいよ。3時に来てね。
2 え、時間があんまりだね
3 授業は終わらないよ。

9ばん

ねえ、今日の授業のノート取った？

1 ううん。さっぱりだったよ
2 ノートはここにないよ
3 うん。私のノート貸そうか。

にほんごのうりょくしけん　かいとうようし

N3
げんごちしき（もじ・ごい）

じゅけんばんごう Examinee Registration Number	

なまえ Name	

〈ちゅうい Notes〉
1. くろい えんぴつ (HB、No.2) で かいて ください。
（ペンや ボールペンでは かかないで ください。）
Use a black medium soft (HB or No.2) pencil.
(Do not use any kind of pen.)
2. かきなおす ときは、けしゴムで きれいに けして ください。
Erase any unintended marks completely.
3. きたなく したり、おったり しないで ください。
Do not soil or bend this sheet.
4. マークれい Marking examples

よい れい Correct Example	わるい れい Incorrect Examples
●	⊘ ◐ ◖ ⊙ ⊜ ◑ ◓

問　題　1

1	①	②	③	④
2	①	②	③	④
3	①	②	③	④
4	①	②	③	④
5	①	②	③	④
6	①	②	③	④
7	①	②	③	④
8	①	②	③	④

問　題　2

9	①	②	③	④
10	①	②	③	④
11	①	②	③	④
12	①	②	③	④
13	①	②	③	④
14	①	②	③	④

問　題　3

15	①	②	③	④
16	①	②	③	④
17	①	②	③	④
18	①	②	③	④
19	①	②	③	④
20	①	②	③	④
21	①	②	③	④
22	①	②	③	④
23	①	②	③	④
24	①	②	③	④
25	①	②	③	④

問　題　4

26	①	②	③	④
27	①	②	③	④
28	①	②	③	④
29	①	②	③	④
30	①	②	③	④

問　題　5

31	①	②	③	④
32	①	②	③	④
33	①	②	③	④
34	①	②	③	④
35	①	②	③	④

にほんごのうりょくしけん　かいとうようし

N3
げんごちしき（ぶんぽう）・どっかい

じゅけんばんごう
Examinee Registration Number

なまえ
Name

問 題 1

1	①	②	③	④
2	①	②	③	④
3	①	②	③	④
4	①	②	③	④
5	①	②	③	④
6	①	②	③	④
7	①	②	③	④
8	①	②	③	④
9	①	②	③	④
10	①	②	③	④
11	①	②	③	④
12	①	②	③	④
13	①	②	③	④

問 題 2

14	①	②	③	④
15	①	②	③	④
16	①	②	③	④
17	①	②	③	④
18	①	②	③	④

問 題 3

19	①	②	③	④
20	①	②	③	④
21	①	②	③	④
22	①	②	③	④
23	①	②	③	④

問 題 4

24	①	②	③	④
25	①	②	③	④
26	①	②	③	④
27	①	②	③	④

問 題 5

28	①	②	③	④
29	①	②	③	④
30	①	②	③	④
31	①	②	③	④
32	①	②	③	④
33	①	②	③	④

問 題 6

34	①	②	③	④
35	①	②	③	④
36	①	②	③	④
37	①	②	③	④

問 題 7

| 38 | ① | ② | ③ | ④ |
| 39 | ① | ② | ③ | ④ |

N3
ちょうかい

じゅけんばんごう Examinee Registration Number	

なまえ Name	

〈ちゅうい Notes〉
1. くろい えんぴつ (HB、No2) で かいて ください。
（ペンや ボールペンでは かかないで ください。）
Use a black medium soft (HB or No.2) pencil.
(Do not use any kind of pen.)
2. かきなおす ときは、けしゴムで きれいに けして ください。
Erase any unintended marks completely.
3. きたなく したり、おったり しないで ください。
Do not soil or bend this sheet.
4. マークれい Marking examples

よい れい Correct Example	わるい れい Incorrect Examples
●	⊘ ⊙ ⊕ ◑ ⊝ ① ◖

問題 1

れい	●	②	③	④
1	①	②	③	④
2	①	②	③	④
3	①	②	③	④
4	①	②	③	④
5	①	②	③	④
6	①	②	③	④

問題 2

れい	①	②	③	●
1	①	②	③	④
2	①	②	③	④
3	①	②	③	④
4	①	②	③	④
5	①	②	③	④
6	①	②	③	④

問題 3

れい	●	②	③	④
1	①	②	③	④
2	①	②	③	④
3	①	②	③	④

問題 4

れい	●	②	③
1	①	②	③
2	①	②	③
3	①	②	③
4	①	②	③

問題 5

れい	①	●	③
1	①	②	③
2	①	②	③
3	①	②	③
4	①	②	③
5	①	②	③
6	①	②	③
7	①	②	③
8	①	②	③
9	①	②	③